Handbuch und Planungshilfe
**Stadthäuser**

»Man hat das Haus einen weiteren Anzug genannt. Der Ausdruck weist auf die körperliche Nähe des Hauses hin. Darum will man sein Haus begreifen, wie man seine Möbel begreift und seinen Anzug. Man will zu seinem Haus – ersetzen Sie dieses Wort, wenn Sie wollen, durch Wohnung – Vertrauen haben. Es soll gegenständlich sein.

Es ist wahr, daß Wohnen und Gewohnheit etwas miteinander zu tun haben und daß es damit zusammenhängt, daß man im Hause sich mit Gegenständen umgibt und daß man das Haus, die Wohnung, selbst als Gegenstand sehen will, nicht als Apparat; weshalb es wirklich eine Entgleisung war, als Le Corbusier von der Wohnmaschine sprach. Vielmehr, es war ein Ausdruck jenes Postulates der Einheit unserer Kultur, einer Kultur der Apparate, das sich Le Corbusier zu jener Zeit zueigen gemacht hatte.«

Julius Posener: Apparat und Gegenstand (1967)
In: Aufsätze und Vorträge 1931–1980.
(Bauwelt Fundamente. Band 54/55)
Braunschweig/Wiesbaden 1981, S. 157

Handbuch und Planungshilfe
# Stadthäuser

Hans Stimmann

EINLEITUNG
# Neue Stadthäuser. Abschied von der Wohnmaschine … 6
*Hans Stimmann*

## Stadthäuser als Ensembles … 32

**FRIEDRICHSWERDER**

| | | |
|---|---|---|
| Caroline-von-Humboldt-Weg 6 | *Klaus Theo Brenner* | 44 |
| Caroline-von-Humboldt-Weg 14 | *Bernd Albers* | 48 |
| Caroline-von-Humboldt-Weg 18 | *Jordi & Keller Architekten* | 53 |
| Caroline-von-Humboldt-Weg 20 | *Meuser Architekten* | 56 |
| Caroline-von-Humboldt-Weg 32 | *Hon. Prof. Johanne Nalbach* | 60 |
| Kleine Jägerstraße 3 | *Stephan Höhne Architekten* | 64 |
| Kleine Jägerstraße 11 | *Thomas Müller Ivan Reimann Architekten* | 68 |
| Oberwallstraße 10 | *Hon. Prof. Johanne Nalbach* | 76 |
| Oberwallstraße 14 | *Prof. Hans Kollhoff Architekten* | 80 |
| Oberwallstraße 15 | *David Chipperfield Architects* | 84 |
| Oberwallstraße 19 | *abcarius + burns architecture design* | 88 |
| Oberwallstraße 21 | *Grüntuch Ernst Architekten* | 92 |

**PRENZLAUER GÄRTEN**

| | | |
|---|---|---|
| Am Friedrichshain 28–32 | *Stephan Höhne Architekten* | 100 |

**BERNAUER STRASSE**

| | | |
|---|---|---|
| Bernauer Straße 5a | *schöningmosca Architekten* | 106 |
| Bernauer Straße 6b | *Kai Hansen Architekten* | 110 |
| Bernauer Straße 8 | *SDU Architekten* | 114 |

## Stadthäuser als Reihenhäuser … 118

**RUMMELSBURGER BUCHT**

| | | |
|---|---|---|
| Alt-Stralau 30–31a | *Klaus Theo Brenner* | 124 |
| Alice-und-Hella-Hirsch-Ring 40–68 | *KSV Krüger Schuberth Vandreike* | 128 |
| An der Bucht 61/63 | *KSV Krüger Schuberth Vandreike* | 132 |
| Krachtstraße und Glasbläserallee | *Beyer-Schubert Architekten* | 138 |

**ORANIENBURGER VORSTADT**

| | | |
|---|---|---|
| Am Pankepark 14–53 | *PEB⁺ NOTTMEYER HARM RECCIUS Architekten* | 142 |
| Kieler Straße 20–30 | *Behzadi + Partner Architekten* | 148 |

## Mehrfamilienhäuser in Baulücken — 118

### SPANDAUER VORSTADT

| | | |
|---|---|---|
| Auguststraße 50b | Baumeister und Dietzsch Architekten | 164 |
| Auguststraße 51 | Grüntuch Ernst Architekten | 170 |
| Gipsstraße 5 | Prof. Hans Kollhoff Architekten | 174 |
| Mulackstraße 8 | Sergei Tchoban, nps tchoban voss | 178 |
| Linienstraße 40 | Roger Bundschuh | 182 |
| Linienstraße 204 | Bollinger + Fehlig Architekten | 190 |

### ROSENTHALER VORSTADT

| | | |
|---|---|---|
| Choriner Straße 79 | MODERSOHN & FREIESLEBEN | 196 |
| Anklamer Straße 52 | roedig.schop architekten | 202 |

### WEISSENSEE

| | | |
|---|---|---|
| Mahlerstraße 40 | Michael Müller und Julia Dahlhaus/dmsw | 208 |

## Stadtvillen — 112

### TIERGARTENVIERTEL

| | | |
|---|---|---|
| Rauchstraße 4–10, Thomas-Dehler-Straße 38–47 | diverse Architekten | 218 |
| Kurfürstenstraße 59 | Hilmer & Sattler | 224 |
| Corneliusstraße 3b | Weinmiller Architekten | 228 |
| Clara-Wieck-Straße 3 | Florian Fischötter | 232 |
| Clara-Wieck-Straße 5 | Hilmer & Sattler und Albrecht | 236 |
| Clara-Wieck-Straße 7 | Thomas Baumann | 240 |
| Clara-Wieck-Straße 9 | Kahlfeldt Architekten und Philipp Rentschler | 244 |
| Clara-Wieck-Straße 10 | Klaus Theo Brenner | 252 |
| Clara-Wieck-Straße 11 | Haas Architekten | 256 |

### HOHENSCHÖNHAUSEN

| | | |
|---|---|---|
| Malchower Weg 117–127, Drossener Straße 1–6 | Prof. Hans Kollhoff Architekten | 262 |

### SPANDAU

| | | |
|---|---|---|
| Pulvermühlenweg, Olga-Tschechowa-Straße | ENS Architekten | 266 |

## Bauteilkatalog — 272

| | |
|---|---|
| Fassade | 274 |
| Eingang | 294 |
| Wohnraum | 302 |
| Küche | 324 |
| Badezimmer | 334 |
| Treppenhaus | 342 |
| Außenbereich | 350 |

## Anhang — 362

| | |
|---|---|
| Schlussbemerkungen | 362 |
| Übersicht der Baukosten | 366 |

Wer seit dem Fall der Mauer nicht mehr in Berlin war und auch sonst keine Gelegenheit hatte, die städtebauliche Entwicklung der Stadt über die Medien zu verfolgen, würde bei der Lektüre aktueller Schlagzeilen aus dem Kopfschütteln nicht mehr herauskommen. Man sähe sich konfrontiert mit Meldungen über den mit öffentlichen Geldern geförderten Abriss der noch bis 1989 mit Mitteln des Staates gebauten Wohnungen in Großsiedlungen der DDR. Das dazu gehörige politische Programm der Bundesregierung trägt die Überschrift »Stadtumbau Ost«. Unter einer anderen Schlagzeile fände man einen Text über den Verkauf städtischer oder gewerkschaftseigener Wohnungsbaugesellschaften oder doch größerer Bestände derselben an anonyme Immobilienfonds. Vielleicht läse man auch die Beschreibung eines Projektes, bei dem es im Zentrum der deutschen Hauptstadt um den Bau von vier- bis fünfstöckigen privaten Wohnhäusern auf schmalen sechs bis zehn Meter breiten Grundstücken geht. Eines Projektes, das unter dem Modernität versprechenden Namen Townhouses firmiert, um damit dem ganz und gar traditionellen Vorhaben des Wohnens individueller Bauherren und Hauseigentümer in der Stadt den Anschein von etwas radikal Neuem zu verpassen. Solche schwer miteinander in Verbindung zu bringenden Meldungen über das Thema *Wohnen in der Stadt* erzählen, wenn auch mit unterschiedlichen Akzenten, vom deutlich sichtbar werdenden Ende der architektonischen Moderne und vom damit verbundenen (Groß-) Siedlungsbau mit ihren Glück versprechenden Wohnmaschinen. Le Corbusier und Gropius, Collein, Dutschke, Henselmann, Näther, Graffunder und Scharoun, Düttmann, Ungers etc. schufen diese Bauten der Moderne an den Rändern und – als Ersatz für die traditionelle Bebauung – in den Zentren der Städte. Im besonderen Maße kann man dies in den neuen Bundesländern und im wiedervereinigten Berlin beobachten. Der hier zum Ausdruck kommende Paradigmenwechsel städtebaulicher und architektonischer Haltungen reflektiert die dramatischen Veränderungen der mit dem Projekt der architektonischen Moderne unauflöslich verbundenen sozial-politischen Grundlagen und seiner ökonomischen Perspektive. Vor allem aber zeigt

**Wohnsysteme in Raumzellen**
Der Traum von einer industriell vorgefertigten Architektur führte mitunter zu Experimentalbauten in Ost und West. Im Ruhrgebiet wurde 1973 unter Federführung von Richard J. Dietrich die *Metastadt Wulfen* errichtet (ab 1987 teilweise abgerissen). Parallel enstanden in der DDR Neubauwohnungen in Plattenbauweise, die im Zuge des *Stadtumbaus Ost* teilweise rückgebaut wurden (rechts: Wohngebäude in Schwedt kurz vor dem Abriss, 2001). Links: Titelseite einer Seminardokumentation des Lehrstuhls von O. M. Ungers an der Technischen Universität Berlin mit dem Thema *Wohnsysteme in Raumzellen*, 1969.

# Neue Stadthäuser
## Abschied von der Wohnmaschine[1]

sich der Wandel des utopischen, gesellschaftsverändernden Anspruchs im Siedlungsbau der Moderne, wo die städtischen, genossenschaftlichen oder gewerkschaftlichen Bauherren mit ihrem größten Unternehmen nicht weniger als eine »Neue Heimat«[2] versprachen.
Bei aller Unübersichtlichkeit der aktuellen gesellschaftlichen und politischen Entwicklung ist doch klar, dass das sozialistische Gesellschaftsmodell mit seiner unterkomplexen Sichtweise auf die gesellschaftliche und gebaute Realität, mit den Antagonismen Bürgertum versus Arbeiterklasse, Privateigentum kontra Volkseigentum, Siedlung anstelle von Stadt etc. mit dem Fall der Mauer gescheitert ist. Dass dieser Epochenbruch aber auch mit dem Städtebau und der Architektur der Moderne als ästhetischem Projekt zu tun hat, wird vielen Architekten, Architekturkritikern, Theoretikern und Wohnungsbaupolitikern erst nach und nach klar. Bis vor kurzem glaubten die meisten an die Unfehlbarkeit der Moderne als ästhetisches, gesellschaftliches und technisch-industrielles Bauprojekt.
Wir erinnern uns: Es begann mit Pamphleten und Schlachtrufen, wie »Lasst sie zusammenfallen, die gebauten Gemeinheiten« (Bruno Taut). Damit meinten er und seine avantgardistischen Freunde die Architektur der vormodernen, das heißt vor allem der gründerzeitlichen Stadt des späten 19. und frühen 20. Jahrhunderts. Solche Schlachtrufe richteten sich gegen unterschiedliche Aspekte der heute bei Jung und Alt, bei Investoren und Architekten so beliebten individuellen Häuser in den außerhalb der Altstädte gelegenen Stadtquartieren des 19. Jahrhunderts, vor dem Erreichen dessen, was man zu Recht Siedlungsbrei nennt.
— Die Kritik richtete sich gegen die für die europäische Stadt typische Trennung öffentlicher Stadträume und privater Grundstücke mit individueller Bebauung überwiegend ohne namentlich bekannte Architekten.
— Sie polemisierte gegen die »Verliese der Erinnerung« (Le Corbusier) und damit gegen historische Stadtgrundrisse und ihre landschaftliche Einbettung, gegen Kontinuität, Kohärenz und Konvention des Städtischen.
— Sie hielt die Form der dichten, mit Geschichte voll gesogenen Stadt in ihren verschiedenen Teilen sowie die darin eingebettete Architektur ihrer Häuser für überholt. Dies betraf Typologien und Bauweise, betraf Fassaden und Hausgrundrisse und ihre handwerkliche Materialität. Sie propagierte stattdessen eine Architektur des radikalen Neuanfangs, gesäubert von allen Formen der Vergangenheit und losgelöst von den traditionellen ästhetischen Konventionen städtischer Architektur.
— Der Kritik ging es um den Bruch mit dem »Tabu der Besitzverhältnisse an Grund und Boden in den Städten, welches jede schöpferische, tiefgreifende Neugestaltung unmöglich macht«, so Alexander Mitscherlich in seiner 1965 verfassten, viel gelesenen »Anstiftung zum Unfrieden«.[3]

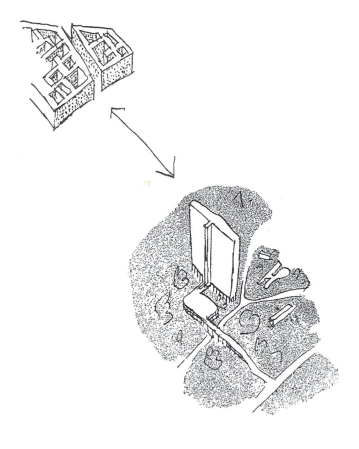

**Vom Kontext zum Objekt**
Der schweizerisch-französische Architekt Le Corbusier propagierte seit den Zwanzigerjahren die Abkehr von der traditionellen Stadt bei gleichzeitiger Hinwendung zur objekthaften Architektur inmitten der Landschaft (links). In Deutschland entstanden ab den Sechzigerjahren zahlreiche Massenwohnbauten in Großtafelbauweise, die aus heutiger Sicht als technische Umsetzung der Sozialpolitik gewertet werden können. Rechts im Bild: *Wohngebiet W 1a* am Wilhelmsruher Damm in Berlin. Architekten: René Gagès und Volker Theißen (1967).

— An seine Stelle trat der am Fabrikbau orientierte Städtebau mit Schnellstraßen, Industriezonen, Wohnmaschinen sowie Bildungs- und Einkaufszentren. Man betrieb die Ablösung der Dominanz des Städtebaulichen, wendete sich damit gegen die öffentlichen Stadträume und ihre traditionelle Schönheit und nahm beim Wohnungsbau die gut besonnte und belüftete Sozialwohnung zum Ausgangspunkt der Planungen. Auf Grundlage des neuen Leitbildes entstanden besonders nach 1945 Siedlungen mit Ost-West-orientierten Zeilen, später mit den freistehenden Objekten der Großsiedlungen, deren Leerstand und teilweiser Abriss heute mit dem Begriff »Stadtumbau Ost« nur mühsam kaschiert wird.

— Schließlich argumentierte die Kritik gegen die funktional und sozial gemischt genutzte Stadt mit Stadtgrundrissen, die ihre Entstehungszeit reflektieren, mit ihren unterschiedlich proportionierten (und damit nicht autoverkehrsgerechten) Geschäfts- und Wohnstraßen, den Plätzen, Boulevards und Parkanlagen, an denen sich private Häuser und öffentliche Gebäude aufreihen und so den Stadtraum bildeten.

Mit den neuen (Groß-)Siedlungen kommunaler, gewerkschaftlicher oder genossenschaftlicher Wohnungsbaugesellschaften sollten sowohl die sozialen als auch die ökonomischen Grundlagen traditioneller Städte überwunden werden. Sie stellten die privatwirtschaftliche Marktlogik für die »Lösung der Wohnungsfrage«[4] (Friedrich Engels 1872) in Frage und wagten erste, räumlich begrenzte Schritte zur Ablösung der bürgerlichen Gesellschaft.

Die frühesten architektonischen Entwürfe zu dieser Idee eines neuen Stadttypus für eine neue Gesellschaft wurden zunächst für Arbeiter- und Genossenschaftssiedlungen außerhalb der bis dahin existierenden Bebauungsgrenzen gezeichnet. Erst nach dem Ende des Ersten Weltkrieges wurden auch Überlegungen zur Transformation bzw. zum Ersatz existierender Innenstädte zu Papier gebracht. Exemplarisch stehen hierfür die Zeichnungen von Le Corbusier für Paris oder der Plan von Ludwig Hilbersheimer für die barocke Berliner Friedrichstadt. In diesen Zeichnungen avantgardistischer Architekten der Zwanzigerjahre konkretisierte sich der Anspruch, nicht nur Architekten, sondern »Gesellschaftsingenieure« zu sein. Es ging nicht nur um die Ablösung der alten Stadt, sondern auch um die Überwindung der bürgerlichen Gesellschaft und die für die Architektur der Moderne besonders in den Zentren hinderlichen, kleinteiligen privaten Boden- und Hauseigentumsverhältnisse.

Nach den physischen und geistigen Verwüstungen des Zweiten Weltkriegs wurden als Reaktion auf die ideologische Unterdrückung der architektonischen Moderne während der NS-Zeit deren Leitgedanken in fast allen ost- und westdeutschen Städten wieder Grundlage für Politik und Planung. Die große andere Linie der Moderne mit ihren

Kaufhäusern, Büro- und Wohnhäusern individueller Architektur in (inner-)städtischen Lagen etwa von Behrens, Messel, Mendelsohn, Max Taut, Oelsner und anderen geriet in Vergessenheit. Was zunächst blieb, waren ästhetische Differenzen zwischen den West-Berliner und bundesdeutschen Planungen und denen der jungen DDR. Sie betrafen vor allem den Stil der im großen Maßstab geplanten Architektur. Die DDR konkretisierte mit ihren vorgefertigten Typenbauten zunächst eher die architekturlosen Bauten der Vormoderne, während im Westen Deutschlands das Modell der architektonischen Moderne auf die Zeilen- und Punkthäuser und besonders in den Sechzigerjahren dann auf die mehr oder weniger großen Wohnmaschinen übertragen wurde.

Von solchen stilistischen Unterschieden der Fünfzigerjahre abgesehen, waren nun zum ersten Mal die städtebaulichen und architektonischen Utopien aus den Zwanzigerjahren auch für die zerbombten Innenstädte in den Bereich des Machbaren gerückt. Exemplarisch konkretisierte sich diese Idee der »neuen Gesellschaft in neuen Gehäusen« im noch ungeteilten Berlin in den Plänen von Hans Scharoun, dem ersten noch von der sowjetischen Kommandantur eingesetzten Stadtbaurat (1945/46) der zerstörten Reichshauptstadt. Für ihn und sein Planungskollektiv stellte sich die durch Kriegszerstörungen ausgeweidete Hauptstadt als »mechanische Auflockerung« dar, die die Möglichkeit eröffnete, eine Stadtlandschaft als Gegenmodell zur traditionellen Stadt zu gestalten. Um die Radikalität dieser Konzeption zu erfassen, muss man sich die Wettbewerbsbeiträge des 1957/58 nun schon von der Bundesregierung und dem Senat von West-Berlin ausgelobten Hauptstadtwettbewerbs für die Innenstadt Berlins ansehen, an dem Spengelin und Pempelfort (1. Preis), Alison und Peter Smithson, Hans Scharoun und andere teilnahmen.[5] In fast allen Wettbewerbsprojekten erinnert so gut wie nichts mehr an die große Tradition der in Jahrhunderten über die beiden mittelalterlichen Stadtkerne hinaus schrittweise erweiterten Stadt. Stattdessen breiten sich vom Alexanderplatz über die mittelalterliche Altstadt, über die barocken Stadterweiterungen und die Vorstädte des 18. Jahrhunderts bis zum ehemaligen großbürgerlichen Tiergartenviertel die unterschiedlichen Siedlungsbaumuster der architektonischen Moderne flächenhaft aus. In die neue Stadtlandschaft eingestellt blieben lediglich einige wenige historische Bauten (darunter etwa einige Kirchen, die Museumsinsel und das Brandenburger Tor). Sie glichen Objekten, wie in »zukunftsloser Gegenwart abgestellt« (Durs Grünbein). Diese Planungen bedeutender nationaler und internationaler Architekten in den späten Fünfzigerjahren zeugen nicht nur von einer aus heutiger Perspektive kaum mehr nachvollziehbaren Ignoranz gegenüber der gebauten Geschichte, die Realisierung der Pläne hatte auch die Inanspruchnahme mehrerer Tausend

bis dahin grundbuchlich gesicherter, exakt eingemessener privater (oftmals in der NS-Zeit »arisierter«) Grundstücke zur Voraussetzung. Derlei Planungen für eine neue Gesellschaft in einer neuen Hauptstadt setzten zudem voraus, dass das Verhältnis von privaten Bauherren und Rahmen setzenden städtebaulichen Vorgaben aufgehoben wurde. Die traditionellen Rechtsverhältnisse zwischen Kommune und Bürgern sollten abgelöst werden durch die Machtverhältnisse einer sozialistischen Gesellschaft, die wenigstens im Zentrum kein privates Grundeigentum mehr kannte.

Die aus der West-Berliner Perspektive auf die Innenstadt gezeichneten Pläne blieben wegen der inzwischen eingetretenen Teilung Berlins in dieser Form auf dem Papier. Die junge DDR verfolgte städtebaulich andere, im Umgang mit der Geschichte aber ähnlich radikale Pläne für die Neugestaltung der Innenstadt zur Hauptstadt der DDR.

Auch dazu mussten die Grundstücke in das »Eigentum des Volkes« überführt werden. Entsprechend diesem politischen Programm wurden die Grundstücke und Bauten zwar mehreren Rechtsträgern oder der Baudirektion zugeordnet, da die Stadtplanung aber quasi verstaatlicht war und somit den Weisungen der SED folgen musste, spielten die verschiedenen Rechtsträgerschaften in der Planungs- und Baupraxis nur eine untergeordnete Rolle. Geplant, abgerissen und gebaut wurde das, was politisch und ästhetisch gewollt war. Mit der freien Verfügung über die bis dahin oft seit mehreren Generationen in Privatbesitz befindlichen Grundstücke und Häuser hatte die DDR-Stadtplanung einen Zustand erreicht, von dem Generationen von Stadtplanern, Architekten und Wohnungspolitikern des 20. Jahrhunderts geträumt hatten. Endlich konnten sie ihren heroischen Anspruch, Städtebau und Architektur zum Manifest einer neuen Gesellschaft zu machen, umsetzen. Die Stadt sollte nunmehr aus wechselnden Mustern durchgrünter, verkehrsgerechter städtebaulicher Strukturen bestehen, in die frei komponierte Objekte eingestellt sind. Die bereits in der Weimarer Republik von Architekten wie Le Corbusier, Walter Gropius, Ludwig Hilbersheimer, Otto Rudolf Salvisberg, Hans Scharoun, Bruno Taut und anderen entworfenen Siedlungsbaumuster der Moderne konnten nun auch auf den historischen Stadtgrundrissen der aus dem 17. und 18. Jahrhundert stammenden Vorstädte sowie in den aus dem 13. Jahrhundert stammenden Gründungskernen von Berlin und Cölln Realität werden.

Sozial utopische Stadtplanungsideen mit moderner Architektur zu verbinden, um die »Lösung der Wohnungsfrage« als qualitatives und den Großstadtautoverkehr als quantitatives Problem zu bewältigen, war allerdings kein Privileg der DDR. Auch im eingemauerten West-Berlin hat man bis weit in die Siebzigerjahre hinein Städtebau nach diesem Modell betrieben. Das neue Hansaviertel, der programmatisch umbenannte Belle-Alliance-Platz in Mehringplatz, die

**Niedergang der Altstadt**
Der Hauptstadt-Wettbewerb 1958 (linke Seite: Ausschnitt des Beitrags von Alison und Peter Smithson) nahm mit seinen von vielen Teilnehmern vorgeschlagenen Großstrukturen vorweg, was ein Jahrzehnt später Wirklichkeit geworden war: die Abkehr von der traditionellen Stadt. Leer stehende Bürgerhäuser auf der Fischerinsel kurz vor ihrem Abriss (oben) und das bereits leergeräumte Kulturforum mit dem Neubau der Philharmonie an der Stelle eines im Krieg beschädigten Viertels mit Stadtvillen (links). Beide Aufnahmen stammen aus dem Jahr 1969.

Otto-Suhr-Siedlung, das Charlottenburger Opernviertel, das Kulturforum auf dem Boden des ehemaligen Villenviertels am Rande des Tiergartens, später die Großsiedlungen »Märkisches Viertel« oder die »Gropiusstadt« unterscheiden sich nicht grundlegend von den Großsiedlungsbaumustern Ost-Berlins. Lediglich im Umgang mit privatem Grund und Boden wurden die bürgerlichen Konventionen formal gewahrt. Die Grundstücke wurden für die neuen Siedlungsmuster zusammengelegt, neu organisiert und sodann vom Senat bzw. von den Wohnungsbaugesellschaften zum Verkehrswert erworben und die Grundbücher entsprechend fortgeschrieben. Daher waren in West-Berlin nach der Wiedervereinigung auch in den innenstädtischen Gebieten wie etwa dem Kulturforum oder der südlichen Friedrichstadt keine Grundstücke zu restituieren oder neu zu ordnen. Die Ideen einer städtebaulich, architektonisch, ökonomisch und politisch radikal neuen Stadtlandschaft haben sich in unterschiedlicher architektonischer Form in die Wirklichkeit der bis 1989 geteilten Stadt eingegraben.

Die zahlreichen Projekte dieses Städtebaus auf kommunalisiertem Boden machten die Berliner Innenstadt in den vergangenen fünfzig Jahren zu *dem* Ort städtebaulicher und architektonischer Versuche der Nachkriegsmoderne. Was den radikalen Zugriff der architektonischen Moderne in der Zeit nach dem Zweiten Weltkrieg betrifft, sind das ehemalige Ost- und West-Berlin zu Freilichtmuseen für Architekturtouristen geworden. So wurde auf dem Grundriss der zuerst 1690 angelegten Königsstadt bzw. der Stralauer Vorstadt eingelöst, was sich Ludwig Hilbersheimer als Ziel der Moderne vorstellte: serielle Zeilenbauten ohne Rücksicht auf den vorhandenen Stadtgrundriss und private Eigentumsverhältnisse, ohne Rücksicht auf Bau-, Kunst- und Sozialgeschichte. Zu diesen Freilichtmuseen gehören weiter das Hansaviertel, der erste und zweite Bauabschnitt der Karl-Marx-Allee, die Hochhausbebauung auf dem 1230 angelegten Stadtgrundriss von Cölln, der komplette Abriss des 1260 angelegten Alt-Berlin zugunsten des Staatsforums der DDR mit dem Bau eines Fernsehturmes neben St. Marien, die Bebauung der barocken Leipziger Straße mit Scheiben- und Punkthäusern und natürlich das Kulturforum, das exemplarische Beispiel für die Vorstellung Hans Scharouns von einer Stadtlandschaft der Moderne.

Wo bis 1933 in über 200 Stadtvillen Künstler, Galeristen, Diplomaten, Bankiers, Hotel- und Kaufhausbesitzer arbeiteten und lebten, gibt es heute genau drei Grundstückseigentümer: die Stiftung Preußischer Kulturbesitz, das Land Berlin und die Evangelische Kirche Berlin-Brandenburg.[6]

Die geschichts- und traditionsfeindliche architektonische Moderne hat sich mit neuen Stadtlandschaften und Bebauungsmustern aber nicht nur in den Zentren in die Struktur der deutschen Städte eingeschrieben, sondern vor allen

**Zeilenbau und Punkthochhaus**
Zur Erfüllung der sozialutopischen Ziele, bezahlbaren Wohnraum in Zentrumsnähe zu realisieren, entstanden in beiden Stadthälften Berlins Großstrukturen, die mit der ursprünglichen Bebauung kaum noch Gemeinsamkeiten aufweisen. Im historischen Zentrum begrub eine achtspurige Autobahn die älteste Siedlungsfläche Berlins vor einer Kulisse aus 20-geschossigen Hochhäusern (linke Seite). Der im Barock angelegte Belle-Alliance-Platz wurde in Mehringplatz umbenannt und mit ringförmigen Sozialbauten umstellt (ganz links). Auf einer Postkarte aus dem Jahr 1980 (links) feierte der Verlag *Bild und Heimat* Zeilenbauten, die rücksichtslos auf dem Grundriss der 1690 gegründeten Königsstadt abgestellt worden waren.

Dingen mit ihren Großsiedlungen an der Peripherie. Dafür stehen im Berliner Westen das Märkische Viertel und die Gropiusstadt sowie Marzahn, Hohenschönhausen und Hellersdorf im früheren Ost-Berlin.

**Zurück zur Beschreibung der Ausgangssituation.**

Besonders in den Großsiedlungen der ehemaligen DDR erlebt die architektonische und wohnungsbaupolitische Moderne derzeit ihre eigentliche Niederlage. Es zeigt sich, dass die Avantgarde ihrem eigenen Anspruch einer vergangenheitsfreien Zukunft für den neuen Menschen nicht gewachsen war. Die Individualisierung der Lebensstile ist mit den kollektivierten Bauformen unterschiedlichster Wohnungsbausysteme in einen strukturellen Widerspruch geraten. Derzeit werden nicht nur in Berlin, sondern auf dem gesamten Territorium der ehemaligen DDR mehrere hunderttausend leer stehende, industriell gefertigte Wohnbauten der so genannten Plattensiedlungen abgerissen. Gleichzeitig profilieren sich die scheinbar veralteten vormodernen Stadtquartiere zum räumlichen Ausgangspunkt der Transformation und des stadträumlichen Wertewandels hin zu einer modernen Dienstleistungsgesellschaft. Das Motto des etwas verschämt »Stadtumbau Ost« bzw. »Stadtumbau West« genannten Abrissprogramms könnte lauten »Lasst sie zusammenfallen, die gebauten Gemeinheiten der industriell gefertigten Nachkriegsmoderne«. Ein solcher – natürlich nicht wünschenswerter – Schlachtruf richtete sich in komplexer Weise nicht nur gegen die serielle Architektur, die funktionalistische Trennung der Nutzungen, die autogerechten Straßenbreiten usw., sondern auch gegen die durchgängig öffentlichen bzw. quasi öffentlichen Eigentumsverhältnisse großer Wohnungsbaugesellschaften in diesen Siedlungen.

Die andere Seite dieses Abgesangs auf die architektonische und gesellschaftliche Utopie der Moderne ist der überall zu beobachtende Trend zurück zum Arbeiten, Wohnen, Leben und natürlich auch zum Bauen in der Kulisse – und oft auch in den städtebaulichen Formen – der traditionellen Stadt. Dieser von Kommunen und Ländern lange Zeit kaum unterstützte Trend (immerhin gab es bis vor kurzem eine großzügige »Pendlerpauschale« für die Fahrt mit dem Auto vom peripheren Wohn- zum zentralen Arbeitsort sowie die steuerliche Zulage für den Bau eines freistehenden Eigenheims) hat drei Dimensionen: Es geht um das »Zurück zur Stadt« im inhaltlichen und räumlichen Sinne, also um den baulichen Kontext der traditionellen Stadtquartiere mit ihrem breiten Angebot zur Entfaltung individueller Lebensentwürfe. Es geht weiter um eine städtebauliche und wohl auch architektonische Rückbesinnung auf die Qualitäten städtischer Straßen, Plätze und Parkanlagen und nicht zuletzt um die dazu gehörige individuelle städtische

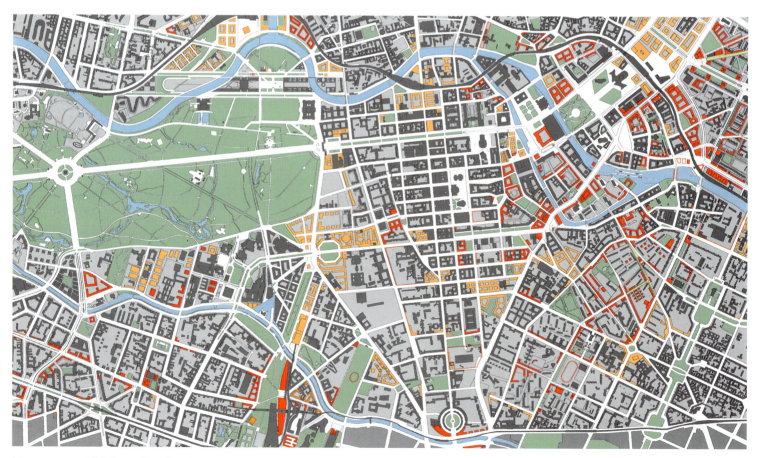

Architektur der Häuser unterschiedlicher Typologien mit pluraler Ästhetik. Das digital vernetzte Individuum sucht nach einem ihm gemäßen architektonischen Ausdruck der Häuser im Fassadenbild der Straßen und Plätze. Voraussetzung dafür ist die Wiedereinführung möglichst kleinteiliger privater Grund-, Haus und Wohneigentumsverhältnisse in den Städten.[7] Die Anwälte der architektonischen Moderne in den Verbänden, der Kulturpolitik und Wohnungswirtschaft wehren sich vehement gegen diese gesellschaftliche Tendenz zur Beendigung der Tabula-rasa-Mentalität in Bezug auf die vormoderne Stadt und die neue Ästhetik.[8] Schließlich steht eine fast hundert Jahre alte Fortschrittsidee auf dem Prüfstand, bei der die Architektur im großen städtebaulichen Maßstab eine Schlüsselrolle spielte. Sie war mindestens seit den Zwanzigerjahren des vorigen Jahrhunderts das Leitmedium sozialer und politischer Strategien mit der Sichtweise Bürgertum gegen Arbeiterklasse, Markt kontra staatliche Planung.

Die Renaissance städtischer Häuser unterschiedlicher Typologien (Stadthäuser, Stadtvillen, Miethäuser) ist trotz starken Widerstands in Deutschland ziemlich umfassend. Es gibt in den letzten zehn Jahren kaum ein innerstädtisches Transformationsprojekt, das sich im städtebaulichen Maßstab noch an den Mustern der Siedlungsbaumoderne orientierte. Dies gilt besonders für die Berliner Vorgehensweise beim Bau neuer Vorstädte und bei dem vom Berliner Senat 1996 vorgelegten »Planwerk Innenstadt«. Dieser Mitte der Sechzigerjahre zunächst theoretisch formulierte Weg zurück zu einer »Architektur der Stadt« (Aldo Rossi)[9], die ihre Identität in ihrer Geschichte findet und deren Typologien und Strukturen ihre Permanenz und damit auch ihre Wiedererkennbarkeit sichert, weg von den Stadtlandschaften der Moderne und der »Architektur der Siedlung«, war unübersichtlich und ist keineswegs abgeschlossen. Das Wiederanknüpfen an die Traditionen der europäischen Stadt war trotz deren offensichtlicher Qualitäten nicht unumstritten, insbesondere weil dies unter gesellschaftlichen Bedingungen geschah, die eigentlich das Gegenteil erwarten ließen: Die dramatische Individualisierung, der hohe Grad der Motorisierung, die technologischen Möglichkeiten der ortlosen Kommunikation, dazu die Konzentration der Immobilienwirtschaft und die vom räumlichen Anspruch her gewachsenen Nutzungen des Handels, der Produktion, des Autoverkehrs usw. sprachen eigentlich für eine Renaissance der Moderne, mindestens jedoch doch für eine »reflexive Moderne« (Ulrich Schwarz).

Der Hauptort für diese Renaissance städtischen Planens und Bauens war in Deutschland seit Anfang der Achtzigerjahre die IBA und ihre Neubauabteilung unter Josef Paul Kleihues in West-Berlin. In der Beschlussvorlage der SPD-geführten Senatsbauverwaltung für das Parlament wurden im Jahre 1984 für die Durchführung einer Inter-

**Umbau und Weiterbau der Stadt**
Seit dem Rückzug des Staates aus dem Sozialwohnungsbau mit seinen für Investoren risikoarmen Finanzierungsmodellen vollzieht sich ein Umdenken gerade auch im innerstädtischen Wohnungsbau. Während die Programme zum Stadtumbau in West und Ost auf die Großsiedlungen der Nachkriegsmoderne und teilweise auf deren Rückbau setzen (oben: Broschüre der Wohnungsbaugesellschaft *degewo*, 2010), hat sich in Berlin mit dem Planwerk Innenstadt ein neues Verständnis vom Weiterbau der Stadt etabliert. Im Rahmen der Strategie werden für private Bauherren innerstädtische Flächenpotenziale identifiziert, um bürgerliches Engagement beim Weiterbau der Stadt zu stärken (rechts: Planwerk Innenstadt Berlin, Senatsbeschluss vom 18. Mai 1999).

nationalen Bauausstellung unter anderem folgende städtebaulichen Grundsätze beschlossen: »Die historische Grundstruktur der Stadt muß als Konstante zur Grundlage der Stadtentwicklung werden. (»Eine Zukunft für unsere Vergangenheit«).

Für das städtische Haus im Block hieß es etwas weiter: »Das Stadthaus als kleinste Zelle im Stadtbau muß zwischen anonymer Siedlungslage, individualistischem Einfamilienhaus und der alten Mietskaserne entwickelt werden – als Stadtbaustein in historisch vorgeprägter Stadtstruktur, als Antwort auf sich verändernde Lebensgewohnheiten. Wohnungsgrundriß und Hausform sowie die Integration der verschiedensten kommunikativen Angebote kompensieren das Freiraumdefizit der Innenstadt.«[10]

Unter diesem Leitbild entstand in wenigen Jahren ein breites Spektrum städtischer Hausbauten, mit deren Hilfe vergessene urbane Orte der Innenstadt wieder zurück in die Stadt geholt wurden. Dabei wurde der Versuch unternommen, das breite Spektrum bewährter städtischer Haustypologien – von der Villa über das Stadthaus zum Mietshaus im Block – auf zeitgemäße Art neu zu interpretieren.

Die neuen Wohnhäuser der kurzen IBA-Periode in Baulücken bzw. auf abgeräumten und eigentumsrechtlich zusammengelegten Baugrundstücken entstanden ohne Ausnahme nach den strengen Förderrichtlinien des »sozialen Wohnungsbaus«, das heißt mit Grundrissen, die sich in offenen städtebaulichen Formationen entwickelt hatten. Sie knüpften somit an die Erfahrungen des Wohnungsbaues der frühen Moderne der Zwanzigerjahre an, wie sie nicht nur in Berlin, sondern auch in anderen Städten Europas (etwa in Altona, Hamburg, Kopenhagen, Rotterdam, Stockholm oder Wien) gepflegt wurden. Einen neuen Akzent erhielten die Projekte der Wohnungsbaugesellschaften im Mietwohnungsbau der IBA-Periode vor allem durch den Anspruch individueller Fassadengestaltung. Die wegen ihres Renommees ausgesuchten Architekten verstanden sich nicht als anonyme Baumeister eines Alltagsprogramms und auch nicht als Dienstleister für eine große Wohnungsbaugesellschaft, sondern als Bildproduzenten, die die Öffentlichkeit auf die Besonderheit ihrer Fassaden und ihres Büros aufmerksam machten.[11]

Mit dieser Vielfalt und oft auch Buntheit der Hausfassaden als Teil einer Straßenreihe knüpften Bauherren und Architekten der IBA an die Tradition der europäischen Stadt an, wie sie in Werner Hegemanns 1929 erschienenem Buch »Reihenhaus-Fassaden. Geschäfts- und Wohnhäuser aus alter und neuer Zeit«[12] beschrieben wurde (siehe dazu Abbildungen unten). Hegemann plädiert für die Vielfalt der Fassaden in den städtischen Räumen der Straßen und Plätze: »Diese Wände oder ›Fassaden‹ können in tausend verschiedenen Arten behandelt werden, einfach oder geschmückt, eintönig oder farbig, nackt oder reich profiliert,

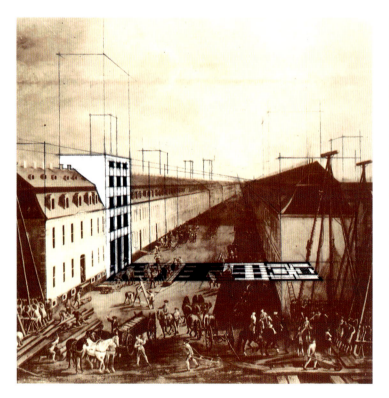

**Die Architektur der Stadt**
Aldo Rossi leitete 1966 mit seinem gleichnamigem Theorieband eine neue Debatte über das »Haus als kleinste Einheit im Städtebau« ein. Während der Internationalen Bauausstellung 1984/87 in Berlin stand die parzellenscharfe Planung im besonderen Fokus der Neubaugebiete (links).

mit zahlreichen oder wenigen Durchbrechungen; die äußere Erscheinung dieser Wände kann die innere Einteilung und die Zwecke des dahinter liegenden Baues ausdrücken oder verschleiern; diese Fassaden können sich zwischen ihre Nachbarn harmonisch einfügen, oder ihr Künstler kann rücksichtslos neue, besser oder schlechter klingende Saiten anschlagen, unruhig und wild, sachlich oder unsachlich sein. Kurz: es gibt geschmackvolle und geschmacklose ›Fassaden‹, wobei die ›Geschmäcker‹ und die Vorstellungen von Sachlichkeit heute ungewöhnlich verschieden zu sein scheinen.«

Dieses im Jahr 1929 – inmitten der gravierenden Weltwirtschaftskrise – vorgetragene Plädoyer für Vielfalt verbindet Hegemann mit einem bis heute aktuellen Appell an die Architekten: »Da solche Fassaden nun einmal unvermeidlich und täglich vor unseren Augen sind, da die künstlerische Wirkung nicht nur der Straßen und Plätze, sondern auch der öffentlichen Gebäude, die das Stadtbild beherrschen sollen, von diesen Fassaden abhängt, lohnt es sich wohl, über die Gestaltung ernsthaft nachzudenken oder, besser, das Auge für sie zu schulen.«[13] Die im Buch vorgestellten Beispiele verstehen sich im Sinne dieses Appells auch als ein Beitrag zur »Schulung« des Auges der Betrachter. Wenn man so will, sind die in den Achtzigerjahren für die IBA entstandenen Häuser mit ihren einprägsamen Fassadenbildern, zum Beispiel die Wohnhäuser von Baller/Baller, Alvaro Siza, Rem Koolhaas, Peter Eisenman oder Aldo Rossi eine Art Trainingsprogramm für Architekten und Betrachter geworden.

Weniger bekannt, obwohl unter inhaltlichen Gesichtspunkten sogar wichtiger, sind die von der IBA vorangetriebenen Versuche, sogenannte Sonderwohnformen (das waren Neubauten für Wohngemeinschaften) zu etablieren oder etwa Selbsthilfeprojekte wie das sogenannte »Wohnregal«. An diese Projekte knüpfen die aktuellen Bauten verschiedener Baugruppen an. Im Unterschied zu den privat finanzierten Baugruppenprojekten der Zeit nach dem Fall der Mauer entstanden die IBA-Experimente hin zu neuen Wohn- bzw. Beteiligungsformen allerdings als sozialer Mietwohnungsbau im so genannten 1. Förderungsweg. Mit der damals entstandenen Vielfalt der Fassadenbilder konnte von der Gleichförmigkeit der Bauherrenschaft sowie der Art der öffentlichen Finanzierung erfolgreich abgelenkt werden.

Was die Fassaden prominenter Architekten hier nur vortäuschten – Individualität und Vielfalt der Wohnungstypen, der Bauherrenschaft und der Finanzierung – begann im größeren Umfang erst nach dem Auslaufen der öffentlichen Förderung ab Mitte der Neunzigerjahre. Seit dieser Zeit taucht in den Straßen der inneren Stadt eine große Zahl individuell entworfener Fassaden als Ausdruck neuer privater Einzelbauherren, Baugruppen und Baugesellschaften auf. Schaut man hinter die wie zur IBA-Zeit oft um

**Fassadenvielfalt der Moderne**
1 Luckhardt und Anker, Berlin (1929)
2 Karl Dirnhuber, Wien (1925)
3 J. J. Eggericx, R. Verwilghen, La Panne (1926)
4 Ludvík Kysela, Prag (1928)
5 Piero Portaluppi, Mailand (1925)

**Eine Schulung für die Augen**
Die in den Achtzigerjahren für die Internationale Bauausstellung entstandenen Häuser mit ihren einprägsamen Fassadenbildern, darunter die Wohnbauten in der Kochstraße von Peter Eisenman (links) und Aldo Rossi (oben) sind zu einer Art Trainingsprogramm für Architekten, Studenten und Betrachter geworden.

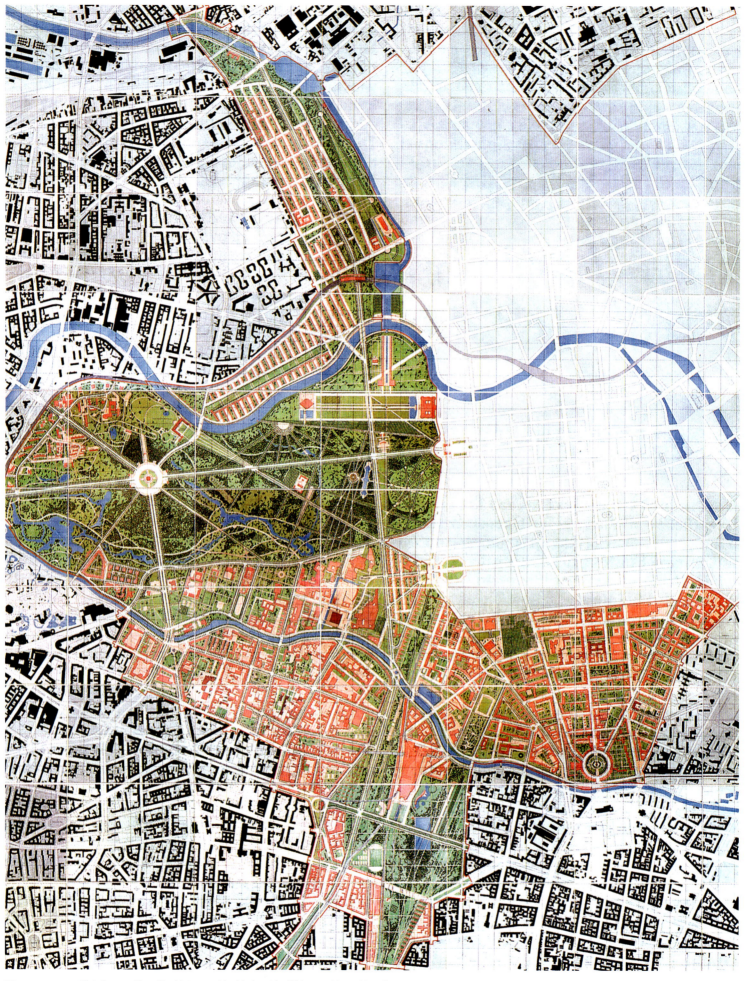

öffentliche Aufmerksamkeit buhlenden Fassaden, stößt man auf eine Vielzahl unterschiedlicher Wohnungsgrundrisse, Wohnungsgrößen und architektonischen Standards, die nun tatsächlich von der Individualität seiner Bauherren und Bewohner erzählen. Von besonderem Interesse sind im Rückblick auf die Ära der IBA die Stadtvillen im Quartier Rauchstraße im südlichen Tiergarten, die auf Grundlage eines städtebaulichen Konzeptes von Rob Krier entstanden, die *Urban Villa* von O. M. Ungers am Lützowplatz, der so genannte Wohnpark am Lützowplatz, die Stadthäuser an der Lützowstraße und am Berlin-Museum sowie die Energiesparhäuser am Landwehrkanal.[14]

Nach der Wende von 1989 und der deutschen Wiedervereinigung von 1990 hat sich die Debatte über eine zeitgemäße Architektur Berlins auch mit dem nun unübersehbar gewordenen Phänomen der Individualisierung bei gleichzeitiger Beschleunigung des Lebens befasst und daraus Konsequenzen für den Charakter des Städtischen abzuleiten versucht. Die dabei eingeschlagenen Denkrichtungen unterschieden sich grundsätzlich. Rem Koolhaas, holländischer Avantgardist, bei der IBA noch mit einem Haus in der Friedrichstraße beteiligt, folgerte nun, dass der öffentliche Raum tot sei und die traditionellen europäischen Städte nach und nach durch Shoppingmalls und Entertainment-Center mit Autobahnanschluss ersetzt werden würden, durch das Einkaufszentrum mit integrierter Tankstelle, Freizeiteinrichtungen auf der grünen Wiese oder – gleichsam als Stadtkrone – auf Industriebrachen. *Die Welt als Supermarkt*, als *Telepolis, Stadt ohne Form, Data-Town, Cyberspace* oder *Foam City* und wie dergleichen Schlagworte und Buchtitel lauteten.[15] Angesichts solcher Perspektiven haben sich die IBA-geschulten Planer und Architekten (der Autor eingeschlossen) erneut die Frage gestellt, ob die Gesellschaft am Beginn des 21. Jahrhunderts in den Fragmenten des Junkspace, in Architekturen episodischer Ballungen strandet oder ob es nicht doch eine Chance gibt, die jahrhundertealte Kultur der europäischen Stadt mit ihrem breiten Spektrum von Wohntypologien (Palais, Villa, Stadthaus, Mietshaus) sowie die komplexen Eigentumsverhältnisse weiter zu entwickeln – um so die Stadt, wie schon seit Jahrhunderten, als Innovationsort zu erhalten, der gleichwohl in der Tradition verankert ist. Diese Position wurde mit dem Amtsantritt des Autors als Senatsbaudirektor zur architekturpolitischen Vorgabe der Berliner Bauverwaltung. Ihre Konkretisierung wurde vor allem in den neuen Vorstädten und öffentlichen Bauten versucht. Hinter dieser Position steckte auch eine längst überfällige, von überzogenen gesellschaftlichen Ansprüchen befreite Idee von der »Architektur der Stadt«, wie sie Aldo Rossi vorgeschwebt haben mag.

Natürlich dürfen Städtebauer und Architekten nicht die Augen verschließen vor den neuen Herausforderungen einer globalisierten Ökonomie. Es gilt eben nicht nur, das

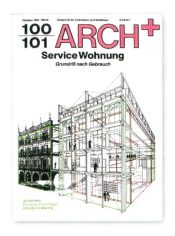

**Vom Wohnregal zur Stadtvilla**
Die Internationale Bauaustellung in den Achtzigerjahren thematisierte Sonderwohnformen, die bis heute als experimentell gelten. Oben: Titelseite der Zeitschrift ARCH+ No. 100/101. Rechts: Luftbild der Stadtvillen am Berlin-Museum, einer Spielart des sozialen Wohnungsbaus in der Hülle einer großbürgerlichen Bautypologie. Das Revolutionäre der IBA lag aber allein schon in der Ausrichtung auf die Verdichtung der Innenstadt mit Wohnungen (links: Städtebaulicher Rahmenplan der IBA-Neubaugebiete, 1984). Die Sonderprojekte unterstrichen die Experimentierfreudigkeit der postmodernen Leistungsschau.

Wohnen in der Stadt zu bewahren bzw. zurückzuholen und dafür geeignete Typologien neu zu interpretieren, es geht auch um die neuen Formen des Arbeitens und des Handels in Warenhäusern, Shoppingcentern, Supermärkten und privaten Geschäften. Die Chancen, dies zu ermöglichen, sind theoretisch sehr groß. Viele Städte in Deutschland und besonders in Berlin bieten mit ihren brachgefallenen Fabrikgeländen, den aufgelassenen Eisenbahnflächen, Hafenarealen, Schlachthöfen usw. ausreichend Platz für Experimente städtischer Architektur des Wohnens, Arbeitens, Handels. Der Platz ist vorhanden, allein es fehlt oft an Mut und Phantasie, vor allem aber an Einsicht. Denn auch wenn das städtebauliche und architektonische Projekt der Moderne, bezogen auf das Wohnen in den industriell gefertigten Wohnmaschinen der Siedlungen als gescheitert angesehen werden muss, lebt die Idee der Moderne fort. Die wachsende Zahl neuer Shoppingcenter und so genannter Gewerbeparks an der Peripherie ist Beweis dafür, ebenso der Bau von Einfamilienhaussiedlungen an den zerfransten Rändern der Stadt, die Ausdruck der Suche nach Ruhe, Erholung, Grün und Individualität sind.

Ein entscheidendes Kennzeichen der architektonischen Moderne am Beginn des neuen Jahrhunderts ist immerhin die Befreiung von übersteigerten gesellschaftspolitischen Ansprüchen an Städtebau und Architektur früherer Jahrzehnte. Dies heißt allerdings nicht, dass sich eine Renaissance städtischer Verhältnisse mit entsprechender Architektur, nun auf privatwirtschaftlicher Grundlage, von allein einstellt. Es geht bei den Versuchen, an traditionelle städtische Strukturen anzuknüpfen nämlich weder um eine trügerische Verklärung vormoderner bürgerlicher Wohn- und Arbeitsverhältnisse einschließlich des bekannten Übels der Bodenspekulation noch um ein unkritisches Vertrauen in die Leistungsfähigkeit der privaten Immobilienwirtschaft. Im Gegenteil. Städte, deren politische Führung sich am Beginn des 21. Jahrhunderts ausdrücklich dem Leitbild der europäischen Stadt verpflichtet fühlt und nicht nur an Fassaden interessiert ist, müssen selbst Entscheidendes zum Gelingen beitragen. Die Städte könnten dies als Bodeneigentümer und Plangeber durch gezielte, kleinteilige und preisgünstige Grundstücksvergabe, planungsrechtliche Konditionierungen und durch aufklärerische Öffentlichkeitsarbeit leisten. Der Berliner Senat verfolgt das Projekt, die Stadtlandschaften der Moderne zu überwinden nunmehr seit dem Fall der Mauer. Die inzwischen sichtbar gewordenen Ergebnisse sind mit ihren durchaus unterschiedlichen Qualitäten auch Dokument dafür, wie viel Widerstände ästhetischer, fiskalischer und wohnungswirtschaftlicher Art zu überwinden sind. Dass der Weg prinzipiell gangbar ist, zeigen unter anderem die Neubauten von Wohnhäusern privater Bauherren unterschiedlicher Typologien in der Berliner Innenstadt und in den neuen Vorstädten. Es entstanden und entstehen

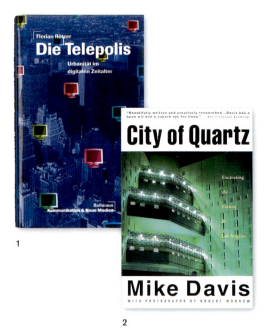

1

2

3

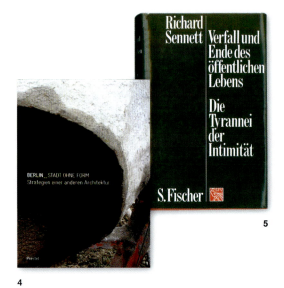

4

5

in großer Zahl neue Stadthäuser, Stadtvillen und städtische Häuser in Baulücken gründerzeitlicher Blöcke und in den neuen, eher am Rande der Stadt gelegenen Quartieren. Als neue Form der Bauherrschaft traten bei solchen Projekten neben privaten mittelständischen Projektentwicklern erstmals so genannte Baugruppen als Zusammenschluss mehrer zukünftiger Bewohner auf. Viele dieser Bauten entstanden im letzten Jahrzehnt, das heißt in der Phase der aktuellen rot-roten (SPD/PDS) Landesregierung. Besonders dieses Phänomen ist bemerkenswert, denn es waren die sozialistischen und kommunistischen Parteien, die sich die Kommunalisierung von Grund, Boden und Hausbau in der Form standardisierter Wohnmaschinen auf die roten Fahnen geschrieben hatten. Die neue Architektur des Wohnens in der Stadt hat sich indessen, so die politische Vorgabe für das 21. Jahrhundert, nicht mehr in standardisierten Großformen des sozialen Wohnungsbaus des 20. Jahrhunderts, sondern in kleinen Projekten im Kontext traditioneller Stadtmuster zu bewähren. Was heute vergleichsweise einfach klingt, war dennoch unmittelbar nach dem Fall der Mauer schwer zu bewerkstelligen. Die architektonischen und städtebaulichen Versuche zur Wiederaufnahme der abgerissenen Hausbautradition der Ära Kleihues als Direktor der IBA hatte nach deren Abschluss nämlich zunächst keine Folgen. Im Vordergrund der öffentlichen Aufmerksamkeit stand Anfang der Neunzigerjahre zunächst der Bau von Büro- und Geschäftshäusern, von Ministerien und Regierungsbauten im Rahmen der Kritischen Rekonstruktion der Dorotheen- und Friedrichstadt. Dabei spielte der Bau von privat finanzierten Wohnungen als Teil der Investorenprojekte bei Bauherren und Architekten nur eine nachgeordnete, weil politisch erzwungene Rolle.

Stattdessen begann nach dem Fall der Mauer eine neue, vorerst letzte Phase öffentlich geförderten Massenwohnungsbaus in der Form neuer Vorstädte (Karow, Buch, Wasserstadt Spandau, Rummelsburger Bucht usw.). Die Akteure waren nun neu gegründete städtische Entwicklungsträger und private Projektentwickler. Diese Phase ist Ende der Neunzigerjahre nach dem Bau von mehr als 100.000 neuen Wohnungen mit der völligen Einstellung der öffentlichen Förderung des Wohnungsbaus zu Ende gegangen. Die Aufgabe, die man über ein Jahrhundert mit Friedrich Engels als »Lösung der Wohnungsfrage«[16] beschrieb, war im quantitativen Sinne erledigt.[17] Statt Wohnungsnot gibt es seitdem massenhaften Leerstand in den »Plattenbauten« der Großsiedlungen im ehemaligen Ost-Berlin. Die staatliche Wohnungspolitik reagierte auf den Leerstand mit einem Förderprogramm für Abrisse, das sich leicht erkennbar hinter dem Namen »Stadtumbau Ost« verbarg. Mit dem Bau neuer Vorstädte und dem Abriss leer stehender »Wohnmaschinen« war das Thema Wohnen allerdings keineswegs erledigt. Im Gegenteil. Es begann eine

**Intellektuelle Angriffe auf die Tradition der Europäischen Stadt**

1  Florian Rötzer: *Die Telepolis. Urbanität im digitalen Zeitalter*, Mannheim 1995
2  Mike Davis: *City of Quartz. Excavating the Future in Los Angeles*, New York 1992
3  Michel Houellebecq: *Die Welt als Supermarkt. Intervention*, Köln 1999
4  Philipp Oswalt/Rudolf Stegers: *Berlin – Stadt ohne Form. Strategien einer anderen Architektur*, München/London/New York 2000
5  Richard Sennett: *Verfall und Ende des öffentlichen Lebens. Die Tyrannei der Intimität*, Frankfurt/Main 1983

erneute Suche nach geeigneten Wohnformen und Haustypologien des städtischen Wohnens. Ziel war, den Wunsch neuer Bürger nach individueller Architektur mit den städtebaulichen Vorgaben des Bauens an der Straße, in der Reihe nachbarschaftlicher Bauten, zusammenzubringen. Dabei erlebte das schon fast vergessene IBA-Programm der unmittelbaren Vorwendezeit mit dem Bau von Stadthäusern, Stadtvillen und Baulückenschließungen eine zweite unerwartete Konjunktur. Motor waren nun allerdings nicht mehr der Senat und seine Förderung mit öffentlichen Mitteln, sondern vor allem private Bauherren, Baugruppen, Wohnungsbaugesellschaften und Projektentwickler.

Für diese spezifische Nachfrage bot die Innenstadt von Berlin als Folge der vorangegangenen flächenhaften Abrisse der DDR – unter anderem für den Bau des sozialistischen Staats- und Stadtzentrums – mit ihren brachgefallenen Industrie- und Gewerbeflächen, Schlachthöfen, Hafenarealen und Bahnflächen ein im Maßstab europäischer Metropolen einmaliges Angebot an Bauflächen. Vielfach befanden sich diese im Besitz des Landes Berlin, des Bundes bzw. bundeseigener Firmen wie etwa der Deutschen Bahn. Besonders attraktiv erschienen plötzlich die zahlreichen Baulücken der nördlich der Altstadt gelegenen, 1699 angelegten Spandauer Vorstadt mit ihrer kleinteiligen und vergleichsweise niedrigen Bebauung.[18] Die Spandauer Vorstadt wurde schnell zu einem Viertel von Kunstgalerien, welche sich häufig im Erdgeschoss von Wohnhäusern ansiedelten. Hier entstanden, wenn man so will, die ersten »Townhouses« im Kontext der historischen Bebauung. In einer noch zentraleren Position befinden sich die benachbarten, aber frei geräumten und verstaatlichten Flächen der Berliner Altstadt mit ihren Geburtsorten Alt-Berlin und Cölln sowie das Gebiet der ersten Stadterweiterung auf dem Friedrichswerder. Für diese ausgelöschten Bereiche der Altstadt entwickelte die Senatsverwaltung für Stadtentwicklung ab 1996 im Rahmen der Überlegungen zum »Planwerk Innenstadt«[19] Vorschläge für eine Reurbanisierung mit einer kleinteiligen, individuellen Bebauung mit Stadthäusern privater Bauherren auf der Grundlage des »kritisch rekonstruierten« Stadtgrundrisses.[20]

Mit dieser im Entwurf des Planwerks Innenstadt (1996) erstmals vorgestellten Idee wurde im historischen Zentrum Berlins ein Bogen geschlagen, der von der hier unsichtbar gewordenen Geschichte bürgerlichen Lebens bis zu den Zukunftsvorstellungen für ein Wohnen und Arbeiten in der unterbrochenen Tradition innerstädtischer Haustypologien reichte, wie sie etwa in der Spandauer Vorstadt noch existierte.

In der Sprache der IBA von 1987 ging und geht es um die Wiederentdeckung des »Stadthauses als kleinste Zelle im Stadtbau«. Dies sollte nun aber als privates Bauprojekt umgesetzt werden – in Verbindung mit der Idee der Kritischen

**Neues Wohnen in der Vorstadt**
Seit 1990 entstanden vor allem im Berliner Osten neue Vorstädte, die eine Alternative zum Wohnen im grünen Umland bieten. Für die Bebauung in Neu-Karow (oben) legten die kalifornischen Architekten *Moore Ruble Yudell* einen Masterplan vor. Die Bebauung an der Rummelsburger Bucht (rechts) basiert auf einem Masterplan von Klaus Theo Brenner.

Rekonstruktion der Stadtgrundrisse im historischen Zentrum, also im Gebiet der ersten Gründungskerne von Berlin, Cölln und dem Friedrichswerder. Es ging also nicht um eine parzellenübergreifende Neubebauung entlang der Straßenflucht, sondern um individuellen Hausbau auf eigenem Grundstück. Im Mittelpunkt dieser Anstrengung sollten die Altstädte und Vorstädte des 17. und 18. Jahrhunderts mit dem besonderen Schwerpunkt der Spandauer Vorstadt, aber auch die Stadterweiterungen des 19. Jahrhunderts stehen, zum Beispiel im Bezirk Prenzlauer Berg.

Der erste praktische Versuch dieser Wiederentdeckung des verschlungenen Weges vom »Hausbau zum Stadtbau und zurück«[21] ist inzwischen mit den »Townhouses« auf einem Teil des Friedrichswerder zu begutachten.[22] Diesem realisierten Abschnitt folgt demnächst der Hausbau auf dem so genannten »Friedrichswerder Nord« zwischen der Kommandantur und der Friedrichswerderschen Kirche und der Falkoniergasse am Werderschen Markt. Planerisch weitgehend vorbereitet ist die kleinteilige Reurbanisierung um das Gebiet zwischen Grauem Kloster und Molkenmarkt. Auch hier ist auf der Grundlage einer Annäherung an den historischen Stadtgrundriss parzellärer, individueller Hausbau wenn nicht vorgesehen, so doch möglich. Derzeit verzögert noch ein typischer Streit über die Anzahl und Breite der Autofahrspuren für den notwendigen Rückbau der Grunerstraße die Grundstücksvergabe und den Hausbau.[23]

Noch vollkommen unsicher ist die Zukunft der Altstadt Berlins rund um den heute nicht mehr vorhandenen »Neuen Markt«. Hier stehen zwar die St. Marienkirche und das Rathaus und es fehlen »lediglich« die Wohn- und Geschäftshäuser an den alten Adressen: Neuer Markt, Heilig-Geist-Straße, Bischofsstraße, Hoher Steinweg, Kleine Poststraße, Burgstraße. Erst mit einer Rekonstruktion des Stadtgrundrisses und einer parzellären Bebauung mit Wohn- und Geschäftshäusern, die den Maßstab und die Geschichte der Altstadt aufnehmen, erhielten das derzeit isolierte Rathaus und die St.-Marien-Kirche ihre Rolle als herausragende Bauten der Kirche bzw. der Kommune im historischen Zentrum der europäischen Stadt Berlin zurück.[24] Allein eine derartige Bebauung, wie sie derzeit etwa in Potsdam und am Frankfurter Römerberg in Vorbereitung ist, scheitert bisher am Widerstand all derjenigen in Politik und Planung, die den derzeitigen Zustand der für den Staatsraum der DDR abgeräumten Altstadt für einen denkmalwürdigen Beitrag der DDR-Moderne, für eine ökologisch sinnvolle Grünfläche oder für einen Dauerübungsplatz utopischer Architektenideen halten.

Im Schatten dieser vom Senat initiierten bzw. diskutierten Hausbauaktivitäten im historischen Zentrum hat sich, wie gesagt, besonders in der Spandauer Vorstadt, aber auch in den räumlich angrenzenden Gebieten der Oranienburger und der Rosenthaler Vorstadt eine Praxis zum Bau

**Neues Wohnen in der Innenstadt**
In unmittelbarer Nähe zum Potsdamer Platz entwarf der britische Architekt David Chipperfield mit den *Parkside Apartments* einen Bautyp, der mit seinen Servicewohnungen einer neuen Rolle Berlins als Zentrum von Parlament, Regierung und Lobbyismus gerecht wird. Der mit Muschelkalk verkleidete Bau wurde im Jahr 2004 fertiggestellt.

neuer städtischer Wohnhäuser in Baulücken ohne förmliche staatliche Unterstützung etabliert. Diese von Einzelbauherren, vielfach auch von Baugruppen errichteten Wohnhäuser sind ein besonders deutliches Zeichen für die Wiederbelebung der längst überwunden geglaubten Berliner Hausbautraditionen privater Bauherren.

Davon abzugrenzen ist das große Gebiet der »Reihenhäuser«, die im Verständnis der Moderne an den Entwurf von Stadtrandsiedlungen gebunden sind.[25] Mit der Neuinterpretation gereihter Stadthäuser im (inner-)städtischen Kontext wird nun an verschiedenen Stellen in der Stadt der Versuch unternommen, auch das Reihenhaus wieder zu verstädtern. Exemplarisch gelungen ist dies beim Projekt der sogenannten »Prenzlauer Gärten«. Andere Projekte wie zum Beispiel die Bebauung des ehemaligen Schlachthofgeländes an der Eldenaer Straße und die Bebauung der Stralauer Halbinsel zeugen dagegen von den Schwierigkeiten, das Reihenhaus der Siedlung zum Stadtbaustein weiter- bzw. zurückzuentwickeln. Eine besondere Schwierigkeit besteht hier darin, die Ansprüche der Bewohner architektonisch zu bewältigen, die Autos und Abfallbehälter an der Straßenseite des Grundstücks abgestellt wissen wollen. Dieses Gesicht zum öffentlichen Straßenraum, das im traditionell gereihten städtischen Haus durch Vorgärten, Zäune und Hecken klar vom Straßenraum abgegrenzt ist, verkommt nun zum Abstellraum für Fahrzeuge und Behälter bzw. zur Garageneinfahrt. Damit wird das für eine städtische Bebauung konstitutive Prinzip der öffentlichen Vorderseite und der privaten Rückseite in Frage gestellt. Es entstanden so trotz bemerkenswerter architektonischer Anstrengungen beim Bau des Hauses selbst oft diffuse Bilder peripherer Reihenhaussiedlungen.

Ein besonderes Phänomen stellt zweifelsohne die bereits vor dem Fall der Mauer einsetzende Aktualisierung und Transformation des Bautyps der in der Reihe, aber dennoch frei stehenden Stadtvilla dar. Die Wiederbelebung dieses ursprünglich vorstädtischen, zutiefst bürgerlichen Haustyps als neuer städtischer Baustein begann bei der Vorbereitung und Durchführung der IBA unter dem Motto »Die Innenstadt als Wohnort«. Dabei ging es im Vorwende-West-Berlin allerdings nicht um die Stadtvilla für wohlhabende Bürger, sondern vielmehr um den Bau öffentlich geförderter Wohnungen in der Struktur und im Bild von Stadtvillen, und dies in Lagen, die ursprünglich einmal eine Villenbebauung aufwiesen. Das Musterquartier dieses Experiments sind die in einem Stadtquartier zusammengefassten elf Stadtvillen am Tiergartenrand an der Rauchstraße, in unmittelbarer Nachbarschaft zur spanischen Botschaft. Auf Grundlage des städtebaulichen Konzeptes von Rob Krier schufen hier acht Architekten fünfgeschossige Wohnhäuser mit bis zu fünf Wohnungen pro Etage. Was Möglichkeiten und Grenzen der Transformation eines Bautyps

**Renaissance der Frankfurter Altstadt**
In Frankfurt am Main entsteht nach dem Abriss des Technischen Rathauses ein Teil der Altstadt wieder neu. Dazu haben im Jahr 2011 zahlreiche Architekten im Rahmen eines Wettbewerbs unter Federführung einer kommunalen Entwicklungsgesellschaft Entwürfe für die Parzellen erarbeitet.

betrifft, bildeten diese Häuser in der Tat einen Härtetest für ihre Erbauer. Die Grenzen dieser Transformation wurden in einer weiteren neu errichteten, von den Architekten Hilmer & Sattler entworfenen Stadtvilla sichtbar. Sie entstand im südlichen Tiergartenviertel unmittelbar neben der 1878/79 für den Fabrikanten Gustav Rossmann gebauten Stadtvilla. Wie die Bauten in der Rauchstraße beherbergt der Neubau 16 Mietwohnungen des sozialen Wohnungsbaus. Dennoch versucht das Gebäude in seinen Proportionen und im architektonischen Ausdruck eine Annäherung an die herrschaftliche Nachbarvilla. Die während der IBA gebauten Stadtvillen wurden nach dem Fall der Mauer zum Vorbild für die Neubebauung der Baugebiete im Tiergartendreieck, im Köbisdreieck und schließlich im Diplomatenpark. Allerdings galten nunmehr geänderte wirtschaftliche Rahmenbedingungen: Den öffentlich geförderten Wohnungsbau gab es hier nicht mehr. Hinzu kamen modifizierte städtebauliche Zielvorstellungen hinsichtlich der Mischungen mit Büro- und Dienstleistungsgebäuden.

Der im Rahmen eines Wettbewerbs entschiedene Entwurf für das Tiergartenviertel von Hildebrand Machleidt/Walter Stepp formuliert erstmals auch das für das Köbis Dreieck angewandte Grundprinzip: Jedes Gebiet wird wie ein traditioneller Block behandelt. Die durch schmale Gassen getrennten Häuser betonen den Einzelhauscharakter individueller Bauherren, Nutzer und Architekten. Die fünfgeschossigen Gebäude variieren den Berliner Typus mit Vorderhaus, Seitenflügel und Gartenhaus. Die Gartenhäuser umschreiben einen gemeinsamen ruhigen, halb öffentlichen Blockinnenpark. Die Erschließung erfolgt traditionell von den öffentlichen Straßen.

Nach der erfolgreichen Realisierung wurde dieses Prinzip auf das gegenüberliegende Köbis Dreieck übertragen. Auch in diesem Quartier werden Büros, Botschaften, ein Stiftungssitz und entlang der ruhigen Köbisstraße privat finanzierte Wohnungen errichtet. Der dritte Baustein dieses neuen Villenquartiers umfasst einen schmalen, lange Zeit als Grünverbindung vorgesehenen Streifen zwischen Tiergartenstraße und Von-der-Heydt-Straße. Hier entstehen nach einem städtebaulichen Entwurf von Klaus Theo Brenner zehn freistehende Villen mit eigenem Garten sowie zwei Botschaftsgebäude. Mit diesem konventionell über eine Straße erschlossenen kleinen Villenquartier wird wie in einer Spirale an die Erstbebauung angeknüpft. Die neuen Stadtvillen leisten gleichzeitig einen höchst aktuellen Beitrag zum bürgerlichen Wohnen in der Stadt.

Die Neuinterpretation scheinbar überholter Haustypen betrifft schließlich auch das viel gescholtene, aber inzwischen beliebte Berliner Mietshaus. Die Renaissance dieses viele Jahrzehnte undifferenziert als »Mietskaserne« bezeichneten vier- bis fünfgeschossigen Wohnhauses auf eigener Parzelle mit dichter Hofbebauung und den dazu gehörigen

**Renaissance der Berliner Altstadt**
Am Molkenmarkt sollen die breiten Verkehrsachsen rückgebaut werden, um neues Bauland für kleinteilige Quartiere zu gewinnen. Mit einer dadurch notwendigen Verlegung des Straßenverlaufs lebt auch der historische Stadtgrundriss auf. Die Planung stammt aus dem Jahr 2009.

Seitenflügeln und Hof(hinter)häusern begann nicht zuletzt mit dem studentischen Widerstand gegen den »Sanierung« genannten systematischen Abriss in Wedding, Kreuzberg und Schöneberg. Aus dieser Protestbewegung folgte die Umstellung der Kahlschlagsanierung auf die so genannte behutsame Stadterneuerung, wie sie während der Internationalen Bauausstellung (IBA) unter der Leitung des Architekten Hardt-Waltherr Hämer durchgeführt wurde.[26] Thematisiert wurden Geschichte und Tradition des jeweiligen Quartiers, die behutsame Modernisierung sowie ergänzende Neubauten in Baulücken.[27]

Mit der Planung und dem Bau von Stadthäusern, individuell entworfenen Mietshäusern und Stadtvillen ist ausdrücklich keine spezifische Form des privaten Boden- und Hauseigentums verbunden. Je nach Art der Bauherrenschaft – Hauseigentum, Wohnungseigentum, Gemeinschaftseigentum – sind sämtliche Formen des Wohnens als Mieter oder Eigentümer möglich. Auch diese Vielfalt ist ein Ausdruck der Individualisierung in der Mieterstadt Berlin. In jedem Fall verbindet sich damit der Abschied vom Anspruch der Avantgarde der Moderne, nicht nur die Architektur des Wohnens und die neue Form der Stadt zu erfinden, sondern in einer Art »Diktatur der Philanthropen« zugleich den »Neuen Menschen«.[28]

**Renaissance des Städtischen**
Die in diesem Buch dokumentierten Wohnhäuser privater Bauherren sind höchst individuelle architektonische Beispiele zum Wohnen in der Stadt und zugleich ein Beitrag zur Renaissance des Städtischen im frühen 21. Jahrhundert. Typologisch lassen sie sich zwischen einem innerstädtischen Reihenhaus (unten: Stadthaus-Ensemble an der Bernauer Straße) und einer urbanen Stadtvilla (rechts: Bebauung am Tiergarten-Dreieck) einordnen.

**1** Das Wort »Wohnmaschine« ist eine viel zitierte Variation des Satzes von Le Corbusier »Das Haus ist eine Maschine zum Wohnen« (1921). Später relativierte Le Corbusier die enge und schnell zum Klischee erstarrte Definition. Was bleibt, ist jedoch die auf ihn zurückgehende Idee des funktionalistischen Wohnens und der damit einhergehenden Maschinenästhetik im Serienbau, die sich in der BRD etwa im Bausystem der Metastadt konkretisierte und in der DDR bis in die Vorfertigung der Plattenbauten fortsetzte. In Berlin errichtete Le Corbusier im Rahmen der Interbau 1957/58 sein Wohnhaus »angemessener Größe« nach dem Vorbild von Marseille.
Siehe dazu: Le Corbusier, Ausblick auf eine Architektur (1922), Deutsch: Berlin/Frankfurt/Wien 1963
Frithjof Müller-Reppen (Hg.), Le Corbusier's Wohneinheit am Heilsberger Dreieck »Typ Berlin«, Berlin 1958
Man muss nicht so weit gehen wie Peter Sloterdijk. Er bezeichnet das Wort Wohnmaschine als »das gotteslästerliche Wort des 20. Jahrhunderts (…) nicht Gott ist tot, sondern die Idee von Le Corbusier, der das menschliche Haus eine Wohnmaschine genannt hat – so reden heißt Gott und den Menschen gleichzeitig lästern. Die Architektur nach Le Corbusier hat die Raumheiligkeit, die den Menschen und seine Behausung von alters her umgab, auf beispiellose Weise angetastet«.
Aus: der architekt, Heft 3, 2009, S. 70

**2** Peter Kramper, Neue Heimat – Unternehmenspolitik und Unternehmensentwicklung im gewerkschaftlichen Wohnungsbau 1950–1982, Stuttgart 2008

**3** Alexander Mitscherlich, Die Unwirtlichkeit unserer Städte – Anstiftung zum Unfrieden, Frankfurt 1965, S. 19

**4** Friedrich Engels, Zur Wohnungsfrage, erschienen 1872 im Volksstaat, zit. nach MEW, Band 21, Berlin 1962, S. 325–337
Die SED bezog sich in ihrer Programmatik ausdrücklich auf dieses von Engels 1872 formulierte Ziel. Noch 1979 hieß es: »Die Wohnungsfrage ist als soziales Problem in der DDR bis zum Jahre 1970 zu lösen. Die Aufgabe besteht darin, allen Familien eine Wohnung zur Verfügung zu stellen, die den modernen Ansprüchen genügt und die historisch entstandenen sozialen und territorialen Disproportionen in Wohnverhältnissen zu überwinden«.
In: Städtebau – Grundsätze, Beispiele, Methoden, Richtwerte, Berlin (DDR) 1979, S. 17

**5** Bundesminister für Wohnungsbau (Hg.), »Hauptstadt Berlin« Planungsgrundlagen, Bonn und Berlin 1957
Senator für Bau- und Wohnungswesen (Hg.), Die Bauwerke und Kunstdenkmäler von Berlin – Bezirk Kreuzberg, darin: Wettbewerb Hauptstadt Berlin (1958), Berlin 1979

**6** Zum Kulturforum, zu seiner Entstehung und Entwicklung bis zum Beschluss des Senats über den neuen Masterplan von 2005 siehe Olav Münzberg (Hg.), Vom alten Westen zum Kulturforum. Das Tiergartenviertel in Berlin – Wandlungen einer Stadtlandschaft, Berlin 1988
Senatsverwaltung für Stadtentwicklung (Hg.), Kulturforum Berlin, Hintergrund, Aufgabenstellung, Dokumentation der Wettbewerbsergebnisse und der Ersten Realisierungsstufe, Berlin 2004
Senatsverwaltung für Stadtentwicklung (Hg.), Kulturforum. Der Masterplan, vom Konzept 2004 zum Masterplan 2005 (Senatsbeschluss, 26. April 2005) und Dokumentation über die Arbeit in der Planungswerkstatt, Berlin 2005
Senatsverwaltung für Stadtentwicklung, Kulturforum. Konzept zur Weiterentwicklung, Senatsbeschluss (16. März 2004) und Informationen zu Geschichte, Planung und Konzeption, Berlin 2004
Senatsverwaltung für Stadtentwicklung, Kulturforum. Der Diskussionsprozess vom Juni 2004 – März 2005, Berlin 2005
Berlinische Galerie (Hg.), Platz und Monument. Die Kontroverse um das Kulturforum Berlin 1980–1992, Berlin 1992

**7** Siehe dazu: Michael Mönninger, Die Stadt und ihr Boden: Zur Rationalität einer bewahrenden Eigentumsordnung, in: Uwe Schröder (Hg.), Die Idee der Stadt, Tübingen 2009, S. 74–87
Hans Stimmann, Die Parzelle als Stadtmodell der Zukunft, in: Michael Mönninger, Stadtgesellschaft, Frankfurt a. M. 1999, S. 113–116

**8** Exemplarisch steht dafür die Kritik von Gerhard Matzig in der Süddeutschen Zeitung vom 23. April 2006 unter der Überschrift »Das Individuum schlägt zurück«. Ähnlich Niklas Maak in der FAZ vom 10. Mai 2007 unter der Überschrift »Nostalgisch hübsche Designobjekte«.

**9** Aldo Rossi, Die Architektur der Stadt – Skizze zu einer grundlegenden Theorie des Urbanen (1966), Deutsch Düsseldorf 1975

**10** Vorlage des Senats zur Beschlussfassung des Abgeordnetenhauses zur Durchführung einer Internationalen Bauausstellung in Berlin im Jahre 1984 vom 30. Juni 1978. Abgedruckt in: IBA, Band 1, S. 204ff., Berlin 1984

**11** Siehe dazu: Fritz Neumeyer, Dem Bauen verschrieben, in: Fritz Neumeyer (Hg.), Hans Kollhoff, Das architektonische Argument, Zürich 2010, S. 21

**12** Werner Hegemann, Reihenhaus-Fassaden. Geschäfts- und Wohnhäuser aus alter und neuer Zeit, Berlin 1929

**13** ebenda, S. 5

**14** Internationale Bauausstellung Berlin 1987, Projektübersicht, Berlin 1991

**15** Vgl. Florian Rötzer, Die Telepolis. Urbanität im digitalen Zeitalter, Mannheim 1995
Richard Sennett, Verfall und Ende des öffentlichen Lebens. Die Tyrannei der Intimität, Frankfurt a. M. 1983
Mike Davis, City of Quartz. Excavating the Future in Los Angeles, New York 1992
Michel Houellebecq, Die Welt als Supermarkt. Intervention, Köln 1999

**16** Friedrich Engels, Zur Wohnungsfrage (Artikelserie 1872), erschienen u. a. in: Über die Umwelt der arbeitenden Klasse. Aus den Schriften von Friedrich Engels, in: Bauwelt Fundamente Nr. 27, Gütersloh 1970, S. 159ff.

**17** Senatsverwaltung für Bau- und Wohnungswesen, Hans Stimmann (Hg.), Stadt

Haus Wohnung, Wohnungsbau der 90er Jahre in Berlin, Berlin 1995

**18** Koordinationsbüro zur Unterstützung der Stadterneuerung in Berlin (Hg.), Die Sanierung der Spandauer Vorstadt 1993–2008. Konzeption. Entwicklungsprozess. Ergebnisse, Band 1 Konzeption und Entwicklungsprozess, Berlin, Mai 2009; Band 2 Ergebnisse, Berlin, Mai 2009

**19** Erika Schachinger, Alte Wohnhäuser, Berlin 1969 (wieder aufgelegt 1997)
Zum Planwerk erschien eine Broschürenreihe der Senatsverwaltung für Stadtentwicklung, Umweltschutz und Technologie:
   Planwerk Innenstadt. Ein erster Entwurf (1997)
   Planwerk Innenstadt. Machbarkeitsstudien für den instrumentellen Bereich (1998)
   Planwerk Innenstadt. Ergebnis, Prozess, sektorale Planungen, Werkstätten (1999)

**20** Siehe dazu: Senatsverwaltung für Stadtentwicklung (Hg.), Friedrichswerder. Mitten in Berlin, gestern heute morgen, Berlin 2003

**21** Dieter Hoffmann-Axthelm, Vom Hausbau zum Stadtbau und zurück, in: arch+ 65, 1983, wieder abgedruckt in:
   Dieter Hoffmann-Axthelm, Wie kommt die Geschichte ins Entwerfen, Braunschweig/Wiesbaden 1987, S. 43ff.

**22** Hans Stimmann, Rund um den Werderschen Markt, in: Hans Stimmann, Berliner Altstadt: Von der DDR-Staatsmitte zur Stadtmitte, Berlin 2009, S. 90–101

**23** Senatsverwaltung für Stadtentwicklung (Hg.), Molkenmarkt und Klosterviertel. Neue Quartiere in Alt-Berlin, Berlin 2006

**24** Bernd Albers, Rund um den Neuen Markt. Zwischen Rotem Rathaus und Berliner Dom, in: Hans Stimmann, Berliner Altstadt: Von der DDR-Staatsmitte zur Stadtmitte, Berlin 2009

**25** Architekten- und Ingenieursverein zu Berlin (Hg.), Berlin und seine Bauten, Band IV, Reihenhäuser, Berlin 2002

**26** Senator für Bau- und Wohnungswesen (Hg.), Idee, Prozeß, Ergebnis. Die Reparatur und Rekonstruktion der Stadt, Katalog zur Ausstellung anläßlich des 750-jährigen Jubiläums Berlins, Berlin 1987

**27** Als markante Baulücken- bzw. Eckbebauung entstanden zum Beispiel
– das Eckhaus von Hinrich u. Inken Baller (Potsdamer Straße)
– das Wohnhaus von Rem Koolhaas (Friedrichstraße)
– das Eckhaus von Aldo Rossi (Kochstraße)
– das Wohnhaus von Raimund Abraham (Friedrichstraße)
– das Eckhaus von Peter Eisenman (Kochstraße)
– das Selbsthilfeprojekt in der Admiralstraße (eine Art Vorläufer der Baugruppen von heute)
   das Eckhaus von Rave/Rave in der Mariannenstraße / Ecke Reichenberger Straße;
– das Eckhaus von Alvaro Siza (Schlesische Straße)

**28** Vgl. Gerd de Bruyn, Die Diktatur der Philanthropen. Entwicklung der Stadtplanung aus dem utopischen Denken, Braunschweig/Wiesbaden 1996

# Stadthäuser als Ensembles

 01
 02
 03
 04
 05
 06
 07
 08
 09
 10
 11
 12
 13
 14
 15
 16

**Friedrichswerder**
01 Caroline-von-Humboldt-Weg 6
02 Caroline-von-Humboldt-Weg 14
03 Caroline-von-Humboldt-Weg 18
04 Caroline-von-Humboldt-Weg 20
05 Caroline-von-Humboldt-Weg 32
06 Kleine Jägerstraße 3
07 Kleine Jägerstraße 11
08 Oberwallstraße 10
09 Oberwallstraße 14
10 Oberwallstraße 15
11 Oberwallstraße 19
12 Oberwallstraße 21

**Prenzlauer Gärten**
13 Am Friedrichshain 28–32

**Strelitzer Straße**
14 Bernauer Straße 5a
15 Bernauer Straße 6b
16 Bernauer Straße 8

## Stadthäuser als Ensembles

In diesem Kapitel geht es um gereihte Stadthäuser in unterschiedlichen urbanen Lagen, die jeweils eine Art neues Ensemble bilden. Grundbaustein dieser neuen städtischen Ensembles ist das traditionelle Stadthaus, das – analog zum Eigenheim auf der grünen Wiese – einen privaten Eigentümer hat, welcher gleichzeitig Bewohner ist. Stadthäuser, im soziologischen Sinn also Bürgerhäuser, können nach Vermögen und Anspruch groß oder klein sein und sind an keine bestimmte architektonische Fassadensprache gebunden. Der Typus oder das Bild, das wir heute mit dem individuellen schmalen Stadthaus assoziieren, basiert auf dem Zwei- bzw. Dreifensterhaus, das sich ausgehend vom Mittelalter über die barocken und klassizistischen Stadterweiterungen ausdehnte. Bis heute ist dieser Typ in deutschen Innenstädten, aber auch in Städten wie Amsterdam, Brüssel oder London weit verbreitet.

Dieser Bautypus des gereihten städtischen Hauses, Wand an Wand den öffentlichen Raum der Stadt begrenzend, ist natürlich nicht auf das individuelle Stadthaus beschränkt. Gereihte Wohn- und Geschäftshäuser unterschiedlicher Größe und Architektur bilden die Grundlage für städtische Bebauung überhaupt. Diese kunstgeschichtlich eigentlich banale Einsicht begann in Deutschland erst in den Siebzigerjahren des vorigen Jahrhunderts Fuß zu fassen – nach dem Desaster der Großsiedlungen mit ihren Wohnmaschinen auf der einen und den Einfamilienhausbataillonen auf der anderen Seite – um dann erst im neuen Jahrtausend wieder theoretisch unterfüttert zu werden.[1] Das ganze Spektrum des gereihten städtischen Hauses ist indessen nie wieder so eindringlich beschrieben und bebildert worden wie in dem 1929 erschienenen Buch »Reihenhaus-Fassaden. Geschäfts- und Wohnhäuser aus alter und neuer Zeit«[2]. Autor war Werner Hegemann, der als Kritiker des steinernen Berlins bekannt wurde. Das Buch erörtert mit Blick auf das Wohnhaus sowohl individuelle Stadthäuser auf eigener Parzelle als auch die berühmten englischen, vielfach einen Crescent bildenden Reihenhäuser. Es finden sich natürlich auch zahlreiche Berliner Beispiele, so etwa die zweigeschossigen Wohnbauten an der Niederlagstraße auf dem Friedrichswerder oder der Georgenstraße bis hin zu den Reihenhäusern von Peter Behrens in Oberschöneweide. Bezogen auf sein Hauptanliegen, die Gestaltung der Fassaden, vertrat Hegemann eine höchst aktuelle liberale Haltung. Er schreibt, die Fassaden der Reihenhäuser »können in tausend verschiedenen Arten behandelt werden, einfach oder geschmückt, eintönig oder farbig, nackt oder reich profiliert, mit zahlreichen oder wenigen Durchbrechungen; die äußere Erscheinung dieser Wände kann die innere Einteilung und die Zwecke des dahinter liegenden Baues ausdrücken oder verschleiern; diese Fassaden können sich zwischen ihre Nachbarn harmonisch einfügen, oder ihr Künstler kann rücksichtslos neue, besser oder schlechter klingende Saiten anschlagen, unruhig und wild, sachlich oder unsachlich sein. Kurz: es gibt geschmackvolle und geschmacklose ›Fassaden‹, wobei die ›Geschmäcker‹ und die Vorstellungen von Sachlichkeit heute ungewöhnlich verschieden zu sein scheinen.«[3]

Im Unterschied zu den heutigen Debatten über Fassaden interessierten Hegemann die Fassaden ausschließlich als Teil der stadträumlichen Wände, der Straßen und Plätze, deren künstlerische Wirkung von diesen Fassaden abhängt. Deshalb »lohnt es sich wohl, über ihre Gestaltung ernsthaft nachzudenken oder, besser, das Auge für sie zu schulen.«[4]

Seine eigene Präferenz, »auf dem festen Boden gesicherter Überlieferung« zu einer »modernen Baukunstform« zu gelangen, mündete in ein Plädoyer dafür, »dass auch bei der Gestaltung von Fassaden die Evangelien der Klarheit, Einfachheit und Ruhe verehrt werden müssen und dass ähnlich wie im Gebrauch unserer Muttersprache edle Formen heute nicht deshalb schlecht sind, weil sie schon vor hundert Jahren gut waren. Die guten Formen von vor hundert Jahren haben sich bis in die sechziger und siebziger Jahre des neunzehnten Jahrhunderts erhalten, um dann von den Schwülstigkeiten des wilhelminischen Zeitalters, dann von dem Kunstgewerblertum und schließlich von dem aus Holland beeinflussten romantischen Expressionismus und Pseudo-Konstruktivismus abgelöst zu werden. Nebenher gingen, und gehen in hoffentlich wachsendem Maße, die sachlichen Leistungen, die das Fratzenschneiden der Tagesmoden überdauern.«[5]

Das von Hegeman kritisierte »Fratzenschneiden der Tagesmoden« endete mit dem in den Zwanzigerjahren vor allem theoretischen und in den Nachkriegsjahrzehnten dann realen Abgesang auf Straße und Platz in den Siedlungen und Großsiedlungen. Aus der Straße wurde ein Verkehrsraum mit Erschließungsfunktion, und das gereihte Stadthaus versank in den isolierten Reihenhaussiedlungen der Peripherie, in den Objekten neuer Stadtlandschaften oder der Siedlungen und Großsiedlungen.[6]

Das stadtraumbildende Reihenhaus, Haus an Haus, eingebunden in die umgebende städtebauliche Struktur, wurde in Deutschland erstmals Ende der Siebzigerjahre reaktiviert.[7] Das Stadthaus versprach als Alternative zu den Ungetümen der Großsiedlungen städtebauliche Dichte bei gleichzeitiger Individualität und bot die Möglichkeit der auf das Einfamilienhaus fixierten Eigentumsbildung.[8]

Trotz politischer und publizistischer Unterstützung blieben realisierte Projekte in innerstädtischen Lagen die Ausnahme. Den potentiellen Bauherren erschien der Traum vom Einfamilien- oder Reihenhaus in der Peripherie als Alternative zum Wohnen in der Stadt plausibler, zumal dieser durch Eigenheimzulage und Pendlerpauschale sowie durch günstige Benzinpreise unterstützt wurde. Zu den Ausnahmen der trotz dieser Bedenken realisierten Stadthäuser (und Stadtvillen) im innerstädtischen Kontext zählten die Frankfurter Stadthäuser der Saalgasse, das Bremer Wohnquartier Marterburg, vor allem aber die Stadthausbauten der Internationalen Bauausstellung Berlin (IBA). Stadthäuser gehörten »als kleinste Zelle im Stadtbau« zwischen »Einfamilienhaus und der alten Mietskaserne« zum 1978 vom Senat von Berlin (West) beschlossenen wohnungspolitischen und städtebaulichen IBA-Programm. Für den Bau von Stadthäusern wurden nicht etwa privaten Bauherren, sondern den Wohnungsbauunternehmen geeignete innerstädtische Grundstücke, Planungsmittel und vor allem Wohnungsbaufördermittel zur Verfügung gestellt. So wurde der Bau städtischer Reihenhäuser zum Gegenstand eines Projektes an der Lützowstraße. Hier begann 1979 (noch vor der IBA) mit einem gemeinsam vom Bundesbauministerium und dem Senat von Berlin durchgeführten Wettbewerb die Planung. Nach einer Konkretisierung durch die IBA wurden sodann 36 Stadthäuser mit je zwei Wohnungen gebaut. Die Besonderheit dieses Projektes war neben der Typologie gereihter Stadthäuser die Idee, die Häuser unter Beteiligung von neun Architekten als Eigentumsmaßnahme zu errichten.[9] Gebaut wurde auf einem bundeseigenen Grundstück, das später an den Bauträger »Deutschbau« (gemeinnützige Deutsche Wohnungsbaugesellschaft mbH) veräußert wurde, die ihrerseits die Häuser nach der Fertigstellung an die Einzeleigentümer verkaufte.

Das Gesamtprojekt verstand sich also nicht als Addition individueller Bauherrenvorstellungen, sondern als Vorhaben eines Bauträgers, der hier Eigentumswohnungen in Form von Stadthäusern mit verschiedenen Architekten errichtete. Jedes Haus enthält eine größere Wohnung und eine Einliegerwohnung. Die Erschließung erfolgt nach englischem Vorbild über eine Treppe in die »Beletage«, während das halbe Souterrain unter anderem die Garage aufnimmt.[10]

Das Projekt zeichnet sich schließlich durch seine städtebauliche Form aus. Die vier Stadthausreihen an zwei Privatstraßen werden von einer Blockrandbebauung eines vier- und fünfgeschossigen Mietwohnhauses an der verkehrsreichen Lützowstraße optisch und akustisch abgedeckt. Erreichbar sind die gereihten Stadthäuser durch zweigeschossige Tore in der Randbebauung des Mailänder Architekten Vittorio Gregotti.

Trotz der vergleichsweise großen Tore bleiben die in der zweiten Reihe liegenden Stadthäuser ohne öffentliche Wirkung. Sie ähneln damit den historischen Ganghäusern mittelalterlicher Städte oder gereihten Stadthäusern an Privatstraßen zur Erschließung tiefer Blöcke, wie sie im 19. Jahrhundert entstanden. Ein solches historisches Beispiel findet man ganz in der Nähe in der Genthiner Straße. Das Ensemble von ursprünglich zehn gereihten zweigeschossigen Stadthäusern im spätklassizistischen Stil entstand in den Höfen von drei Vorderhäusern der Genthiner Straße.

Die Häuser wurden durch ein Tor im Mietswohnhaus Nr. 13 erschlossen. Mit dem 1872–73 erbauten Stadthäusern (Architekt und Bauherr Ernst Klingenberg) wurden im vornehmen »Alten Westen«, allerdings von der Straße aus nicht sichtbar, Stadthäuser im klassizistischen Stil mit kleinen Vorgärten gebaut. Zu deren Bewohnern gehörte der Maler Adalbert Begas, dem die Anlage ihren Namen »Begaswinkel« verdankt.

Heute wird die großstädtische Stadthausidylle durch Bauten von Möbelhäusern und Bürobauten zugedeckt, deren Einfahrt hier eher Gewerbehöfe vermuten lässt.[11] Nimmt man dies als Ausdruck für die Gleichgültigkeit der Nachkriegsmoderne, so verwundert es nicht, dass es ein gutes Jahrhundert brauchte, bis die Idee dieses Projekts von der IBA wieder aufgegriffen wurde. Auch das IBA-Projekt, das den Haustyp des gereihten Hauses mit drei bis vier Etagen im Kontext eines innerstädtischen Gefüges auf seine Tauglichkeit hin überprüfte, blieb wieder über zwanzig Jahre ohne Nachfolger. Die Erfahrung wurde wie so vieles andere vergessen. Erst Ende der Neunzigerjahre nahmen private Bauträger bzw. Baugruppen das Thema wieder auf. Die Rede ist von der durch ein Tor im Vorderhaus an der Strelitzer Straße Nr. 53 erreichbaren Hofbebauung mit 16 Häusern (das Projekt firmiert häufig unter der irreführenden Bezeichnung »Townhouses an der Bernauer Straße«) sowie von den 60 Stadthäusern der so genannten »Prenzlauer Gärten«. Beide Projekte interpretieren unterschiedliche Aspekte des West-Berliner Projektes von 1973 an der Lützowstraße bzw. der Bebauung von 1872/73 an der Genthiner Straße. Beide Nachwendeprojekte sind allerdings, anders als das IBA-Vorhaben, Ergebnis privater städtebaulicher Überlegungen sowie individueller architektonischer Entscheidungen der Bauherren. Die Rolle der kommunalen Planung beschränkt sich wie im ausgehenden 19. Jahrhundert auf die Genehmigung der Planung und der einzelnen Bauten.

Wegen der Lage an einer privaten Erschließungsstraße bzw. einem Erschließungsweg im Blockinneren bleibt bei den beiden oben genannten Projekten die Wirkung der Fassaden auf die Bewohner und deren Besucher beschränkt. Ihre Botschaft bleibt halböffentlich.

Dagegen präsentieren sich die Fassaden der gereihten Stadthäuser auf dem Friedrichswerder der Öffentlichkeit. Sie sind Teil der stadtraumbildenden Wände der öffentlichen, teilweise im 16. Jahrhundert angelegten Straßen im historischen Zentrum Berlins. Das Wohnen und Arbeiten wird hier wieder unmittelbar städtisch. In solchen Situationen soll die Fassade verhindern, dass Details des Privatlebens ungefiltert vom Straßenraum aus sichtbar sind. Gleichzeitig sind die Fassaden zum öffentlichen Raum anders als die Rückfassaden Ausdruck des individuellen Gestaltwillens der Bewohner und ihrer Architekten. Da Fassaden heute dank der Stahlbetonkonstruktionen wie Vorhangfassaden behandelt werden können, eröffnet sich dem Architekten ein breites Spektrum möglicher Ausdrucksformen.[12]

So finden sich bei den gereihten Stadthäusern auf dem Friedrichswerder und bei den Hofhäusern an der Strelitzer Straße wie in einer Mustersammlung Zitate klassizistischer Stadthäuser, englische Terraces, architektonische Verbeugungen vor Adolf Loos oder dem Bauhaus, norddeutsche Ziegelbauten, Ganzglasfassaden, Zitate postmoderner Stadthäuser der Siebzigerjahre, von den neuesten Stadthäusern in Amsterdam (Borneo-Sporenburg) beeinflusste Entwürfe und schließlich demonstrativ ökologische Auftritte. Dazu kommt das gesamte Spektrum möglicher Baumaterialien – Naturstein, Ziegel, Beton, Holz, Glas, Stahl, Kunststoff. Im Unterschied zu den postmodernen Bauten der Siebziger- und Achtzigerjahre ist die ungeplante Buntheit des 21. Jahrhunderts Ausdruck des aktuellen Lebensgefühls, der Suche nach gebauter Wiedererkennbarkeit und Identität im Zeitalter der Digitalisierung. So entstand mit diesen Stadthausprojekten und der Buntheit ihrer Fassaden ein neues, so noch nicht gekanntes Bild der europäischen Stadt am Beginn des 21. Jahrhunderts.

Wichtiger als die Suche nach Identität im Fassadenbild ist jedoch die Tatsache, dass das bürgerliche Individuum auf der Suche nach Urbanität zum ersten Mal seit Beginn der Moderne aus den Vorortsiedlungen wieder in die Stadt zurückkehrt. Dies ist eine kulturelle Innovation von nicht zu überschätzender Bedeutung. Den nun erst möglichen Lernprozess über die Rolle der Architektur beim Wohnen in der Stadt bis hin zu neuen nachbarschaftlichen architektonischen Verabredungen oder dem Wunsch nach lokalen Konventionen kann man, ausgestattet mit Werner Hegemanns Erfahrungen im Umgang mit Tagesmoden, getrost der nächsten Generation überlassen.

**1** Siehe dazu: Wüstenrot Stiftung (Hg.), Klaus Theo Brenner (mit Helmut Geisert), Das städtische Reihenhaus, Geschichte und Typologie, Stuttgart 2004

**2** Werner Hegemann, Reihenhaus-Fassaden. Geschäfts- und Wohnhäuser aus alter und neuer Zeit, Berlin 1929

**3** derselbe, S. 5
**4** derselbe, S. 5
**5** derselbe, S. 22

**6** Siehe dazu: Architekten- und Ingenieursverein zu Berlin (Hg.), Berlin und seine Bauten. Teil IV, Bd. D, Reihenhäuser, Berlin 2002, S. 185ff., darin u. a. die Reihenhäuser von Arne Jacobsen im Hansaviertel (S. 192) oder in der Gropiusstadt von J. P. Kleihues

**7** Christian Holl und Johann Jessen, Aufwertung des innerstädtischen Wohnens seit den 1970er Jahren, in: Tilman Harlander/Gerd Kuhn (Hg.) Stadtwohnen. Geschichte, Städtebau, Perspektiven, München 2007, S. 276–309

**8** Vgl. Gerhart Laage, Das Stadthaus. Mehr als nur eine Bauform, Stuttgart 1979

**9** Gebaut nach einem städtebaulichen Konzept von Gregotti aus Mailand von den Architekten Brandt, Heiß, Liepe, Steigelmann, Berlin; Otto Steidle, München; von Gerkan, Marg und Partner, Hamburg; Oefelein und Freund, Berlin; Manfred Schiedhelm, Berlin

**10** Christian Holl, Berlin, Stadthäuser an der Lützowstraße, in: Tilman Harlander/Gerd Kuhn (Hg.) Stadtwohnen. Geschichte, Städtebau, Perspektiven, München 2007, S. 31–315

**11** Siehe dazu: Landesdenkmalamt Berlin (Hg.), Denkmale in Berlin – Bezirk Mitte, Ortsteile Moabit, Hansaviertel, Tiergarten, Petersberg 2005, S. 164/165

**12** Zu diesem Thema siehe bei: Wüstenrot Stiftung (Hg.), Klaus Theo Brenner (mit Helmut Geisert), Das städtische Reihenhaus, Geschichte und Typologie, Stuttgart 2004, S. 38ff.

Gäbe es die Friedrichswerdersche Kirche von Karl Friedrich Schinkel nicht mehr, wäre die gebaute Erinnerung an die erste Stadterweiterung der Doppelstadt Berlin-Cölln vollständig ausgelöscht. Diese seit 1658 innerhalb der Wallanlage liegende Neustadt Friedrichswerder mit Rathaus, Kirche und Marktplatz verwandelte sich im 18. und 19. Jahrhundert in ein elegantes Wohn- und Geschäftsgebiet. Hier errichtete Schinkel nach der Friedrichswerderschen Kirche die Bauakademie. Danach entstanden neben Wohnhäusern das erste Berliner Kaufhaus, die Reichsbank und anderes mehr. Die größten Veränderungen erfuhr der Friedrichswerder indessen im 20. Jahrhundert.

Zunächst wurden für den Neubau der Reichsbank von Heinrich Wolff (1934–1940) zahlreiche Bauten aus der Phase der Erstbebauung ausgelöscht.

Nach dem Zweiten Weltkrieg erfolgte für die Zentrumsplanungen der DDR der Abriss weiterer Gebäude. So musste die Schinkelsche Bauakademie dem neuen DDR-Außenministerium weichen. Vor dem vom Zentralkomitee der SED genutzten Gebäude der ehemaligen Reichsbank wurden ein riesiger Parkplatz und eine Grünfläche geschaffen. Damit verschwanden weitere sechs Blöcke des alten Friedrichswerder.

Nach der Wende stellte der Senat 1992 einen ersten Nutzungs- und Bebauungsvorschlag zur »Kritischen Rekonstruktion« vor. Erst vier Jahre später wurde er im Rahmen der Erarbeitung des Planwerks Innenstadt von Dieter Hoffmann-Axthelm und Bernd Albers weiter bearbeitet. Der Vorschlag sah nun eine vier- bis fünfgeschossige parzellierte Blockrandbebauung mit überwiegender Wohnnutzung vor. Die Grundlage für das städtebauliche Konzept bildete das ausgelöschte historische Straßennetz.

Nach einer dreijährigen Debatte erfolgte dann 1999 die grundsätzliche konzeptionelle Festlegung der zukünftigen Bebauungs- und Nutzungsstruktur als gemischt genutztes Stadtquartier mit hohem Grünanteil. Konkret bedeutete diese politische Entscheidung eine Vergrößerung des Grünanteils, indem auf eine Wiederbebauung des Blocks zwischen Kleiner Jägerstraße und der Alten Leipziger Straße verzichtet wurde.

Für den Bereich südlich des Werderschen Markts erfolgte 2001 eine weitere Überarbeitung durch Bernd Albers, die nunmehr eine kleinteilige, individuell bebaubare Parzellierung vorsah. Hier im Zentrum Berlins sollten sich Stadtbürger wieder individuelle Stadthäuser bauen.

Das städtebauliche Konzept bezog die bestehende Bebauung des alten Jägerhofs – heute die Marokkanische Botschaft – ein und sah für die Blockecken kompakte, in der Regel fünfgeschossige Wohn- und Geschäftshäuser vor. Die neu gebildeten Grundstücke wurden im Bieterverfahren ausgeschrieben und einzeln verkauft. Den nördlichen Block begrenzt nun ein lang gestreckter Stadtpark als grüner

## Stadthäuser als Ensembles
Friedrichswerder

Sicherheitspuffer zwischen der Wohnbebauung und dem Außenministerium. Die Bebauung am Spittelmarkt ist für eine gewerbliche Nutzung bestimmt und schützt den grünen Platz und die Stadthäuser vor dem Verkehrslärm. Ähnliche Prozesse der Konkretisierung erfolgen für den direkt neben der Friedrichswerderschen Kirche gelegenen Bereich rund um die Falkoniergasse und 2005 mit dem Entwurf einer Bebauungsstruktur durch Klaus Theo Brenner für den Schinkelplatz. Vorgesehen sind fünfgeschossige Wohnhäuser, deren Fassaden wegen der unmittelbaren Nähe zu den beiden Schinkelbauten die Vorgaben einer Gestaltungssatzung beachten müssen.

Die inzwischen realisierten Abschnitte mit den gut sechs Meter breiten Stadthäusern südlich des Werderschen Markts haben eine große Resonanz in der Öffentlichkeit gefunden. Die überwiegend große Begeisterung bei den Bauherren und deren Architekten für solche alten/neuen Formen innerstädtischen Wohnens steht dabei im Gegensatz zur kritisch bis ablehnend reagierenden Fachöffentlichkeit. Sie sah in den realisierten Bauten mit den individuell gestalteten Fassaden »nostalgisch hübsche Designobjekte«[1] oder beklagte unter der Überschrift »Das Individuum schlägt zurück« die »Selbstverwirklichung im Städtebau durch eine Gesellschaft, die das Besondere sucht und das Gemeine findet«.[2] Diese Art der professionellen Kritik kann sich offenbar nur schwer daran gewöhnen, dass das Stadthaus als Alternative zum suburbanen Flächenfraß des Einfamilienhauses ein individuelles Gesicht zeigt. Abgesehen davon geht es nicht nur um Fassaden. Hinter dem Bebauungskonzept steht schließlich nicht nur der Abschied des Landes als Hauptakteur der Planung und Finanzierung des Massenwohnungsbaus. Die politische Programmatik zielte darauf, diesen in der DDR gewaltsam »verstaatlichten« Teil der Innenstadt Berlins für bürgerliche Schichten als Wohnort wieder attraktiv zu machen.

[1] Niklas Maak in der Frankfurter Allgemeinen Zeitung vom 10. Mai 2007

[2] Gerhard Matzig in der Süddeutschen Zeitung vom 23. Juli 2007

Die Fassade des fünfgeschossigen Gebäudes ist aus buntem Klinker. Wie ein Rahmen ungibt sie die große zentrale Öffnung zwischen dem dritten und dem fünften Geschoss. Das vertikale Band fasst ein französisches Fenster, eine Loggia und ganz oben die Dachterrasse zusammen. Die sich nach oben zurückstaffelnde Loggia gibt von unten gesehen den Blick in Richtung Terrasse und Himmel frei. Im Erdgeschoss fasst als urbane Geste ein großes Torgitter Haustür und Garagentor zusammen. Mit dem Bay Window hat die Fassade im ersten Obergeschoss einen Schwerpunkt. Die Gebäudehülle birgt einen Wohnraum mit einläufiger Treppe, einheitlichem Fußboden und offenem Durchblick zwischen Straße und Garten. Der Raum erstreckt sich von der Garage im Erdgeschoss bis zur Terrasse auf dem Dach. Auf jeder Ebene haben die Bewohner einen anderen Ausblick. Neben den drei Obergeschossen und dem Erdgeschoss gibt es ein unterirdisches Geschoss, das als Kellerraum genutzt wird. Zur Gartenseite markiert die durchgefärbte Putzfassade den Bereich der privaten Wohnwelt.

# Caroline-von-Humboldt-Weg 6

*Architekt*
Klaus Theo Brenner Stadtarchitektur

*Landschaftsarchitekt*
Markus Neumann-Wedekindt

*Fachplaner*
Ernst Wisniewsky (Statik)
Michael Czyborra (Haustechnik)

*Bauherr*
Ralf Courths, Birgit Dahm-Courths

*Bruttogrundfläche*
225 Quadratmeter

*Bruttorauminhalt*
980 Quadratmeter

*Fertigstellung*
2007

*Grundstückspreis*
768 Euro/Quadratmeter

Schnittperspektive

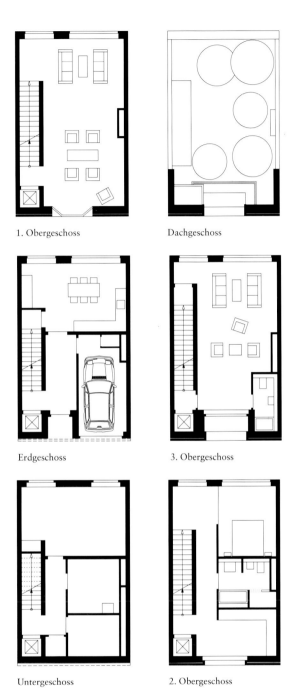

1. Obergeschoss   Dachgeschoss

Erdgeschoss   3. Obergeschoss

Untergeschoss   2. Obergeschoss

Maßstab 1:200

Drei Achsen mit französischen Fenstern prägen die Fassade des Hauses sowohl zur Straße als auch zum Hof. An der Vorderseite werden diese von fein profilierten haushohen Pilastern gefasst. Der zentrale Eingang wird durch Rückstaffelung der Wand räumlich aufgewertet – eine Geste, mit der die Architekten den städtischen Charakter des Gebäudes betonen. Das fünfgeschossige, 19 Meter hohe Haus birgt drei unterschiedliche Maisonette-Wohnungen, von denen jede rund 120 Quadratmeter Wohnfläche umfasst. Sie bieten jeweils eigene Bezüge zum Garten oder zum Hof. Die untere Wohnung nutzt den kleinen Garten im Hof, die Wohnung im ersten und zweiten Geschoss besitzt eine große Terrasse zum Hof. Die beiden Dachterrassen sind der obersten Wohnung zugeordnet. Die Privatsphäre der Bewohner soll mit diesem Gebäude nicht ausgestellt, sondern vielmehr geschützt werden. So wurden keine übergroßen Fenster geschaffen – der zurückhaltende Charakter des Hauses wird vielmehr durch die Wiederholung der schlanken französischen Fenster erzeugt.

## Caroline-von-Humboldt-Weg 14

*Architekt*
Bernd Albers Gesellschaft von Architekten

*Fachplaner*
Ruffert + Partner (Statik)
Heimann Beratende Ingenieure (Haustechnik)

*Bruttogrundfläche*
609 Quadratmeter

*Bruttorauminhalt*
2.131 Kubikmeter

*Fertigstellung*
2006

*Baukosten netto*
Kostengruppe 300: 575.800 Euro
Kostengruppe 400: 200.700 Euro
Kostengruppe 500: 17.000 Euro

*Grundstückspreis*
768 Euro/Quadratmeter

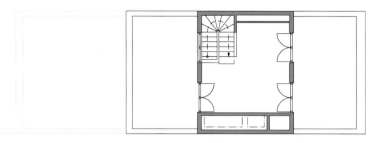

5. Obergeschoss

4. Obergeschoss

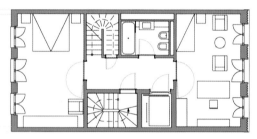

3. Obergeschoss

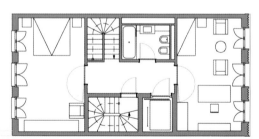

2. Obergeschoss

1. Obergeschoss

50　**Stadthäuser als Ensembles** > Caroline-von-Humboldt-Weg 14 > Bernd Albers Gesellschaft von Architekten

Ansicht Rückseite    Schnitt    Ansicht Vorderseite

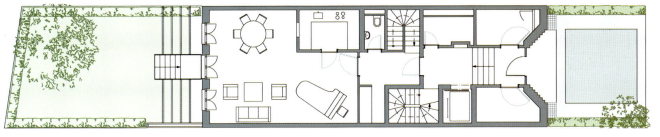

Erdgeschoss

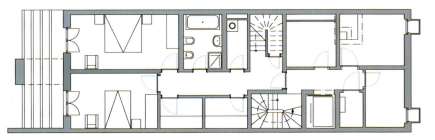

Untergeschoss

Maßstab 1:200

Das fünfgeschossige Gebäude greift Elemente des an dieser Stelle ursprünglich befindlichen, von Friedrich Hitzig im 19. Jahrhundert errichteten zweigeschossigen Hauses auf. Fassadenteile, die vom Vorgängerbau stammen und während der Bauphase im Boden gefunden wurden, wurden als Spolien in die Fassade eingefügt. Die Hausfront zitiert indessen unterschiedliche historische Schichten. Die horizontale Aufteilung beginnt im unteren Fries mit der Idealdarstellung eines dreiachsigen, zweigeschossigen Hauses, führt über eine spätbarocke Aufstockung mit Mansardendach ins 19. Jahrhundert und schließt mit einer nochmaligen Aufstockung im Stil der spätschinkelschen Zeit ab. Auch bei der Wahl der Materialien orientierten sich die Planer an historischen Beispielen: Lausitzer Granodiorit und typischer Backstein, der zwischen Rathenower Rot und Glindower Gelb changiert, kamen zum Einsatz. Sie geben dem schmalen Haus einen musealen Charakter und runden die Komposition ab. Die leicht zurückgesetzte, zweiflüglige Eingangstür mit Oberlicht ist in Eiche gehalten, die Beschläge aller Türen wurden in Messing roh ausgeführt.

## Caroline-von-Humboldt-Weg 18

*Architekt*
Jordi & Keller Architekten

*Fachplaner*
Brenker + Gockel (Statik)
Winter-Ingenieure (Haustechnik)

*Bauherr*
Ulla und Ullrich Schulte

*Bruttogrundfläche*
550 Quadratmeter

*Bruttorauminhalt*
2.915 Kubikmeter

*Fertigstellung*
2007

*Baukosten netto*
Kostengruppe 300: 770.000 Euro
Kostengruppe 400: 200.000 Euro
Kostengruppe 500: 30.000 Euro

*Grundstückspreis*
768 Euro/Quadratmeter

Straßenansicht

Schnitt

1. Obergeschoss

Erdgeschoss

5. Obergeschoss

4. Obergeschoss

3. Obergeschoss

2. Obergeschoss

Maßstab 1:200

Die gestalterische Herausforderung bei dem Entwurf von Natascha Meuser bestand darin, dem Wohn- und Bürogebäude im Caroline-von-Humboldt-Weg 20 in der Nachbarschaft der knapp zwanzig anderen Stadthäuser ein selbstbewusstes Gesicht zu geben, ohne dabei aber einer »Faschingslaune« (Gottfried Semper) zu verfallen. Der Zugang zum Erdgeschoss erfolgt über sechs Stufen in einem offenen Windfang. Mit seinem goldgelben Kalkstein – ein italienischer Giallo Dorato, der sowohl schon im antiken Rom als auch von Palladio im 15. Jahrhundert eingesetzt wurde – und zeitlosen Details in Anlehnung an das gegenüberliegende Auswärtige Amt wirkt das Haus nach außen unprätentiös und will eigentlich nicht mehr sein als angenehmer, dezenter Nachbar. Das Innenraumkonzept kommt nahezu ohne Wände und Türen aus, so dass der Blick nach außen unverstellt ist. Im zweiten und dritten Obergeschoss befinden sich straßenseitig jeweils eine Loggia. Die gesamte Nutzfläche von etwas mehr als 500 Quadratmetern ist ebenfalls mit dem Giallo Dorato ausgelegt. Das knapp vier Meter hohe Erdgeschoss, als durchgehender Raum konzipiert, schafft eine Großzügigkeit, die man auf einem so kleinen Grundstück kaum vermuten würde.

# Caroline-von-Humboldt-Weg 20

*Architekt*
Meuser Architekten

*Fachplaner*
Reiner von Polheim (Statik)
pin planende ingenieure (Haustechnik)

*Bauherr*
Bauherrengemeinschaft Kraut/Meuser GbR

*Bruttogrundfläche*
540 Quadratmeter

*Bruttorauminhalt*
1.890 Kubikmeter

*Fertigstellung*
2006

*Baukosten netto*
Kostengruppe 300: 589.000 Euro
Kostengruppe 400: 118.000 Euro
Kostengruppe 500: 10.500 Euro

*Grundstückspreis*
768 Euro/Quadratmeter

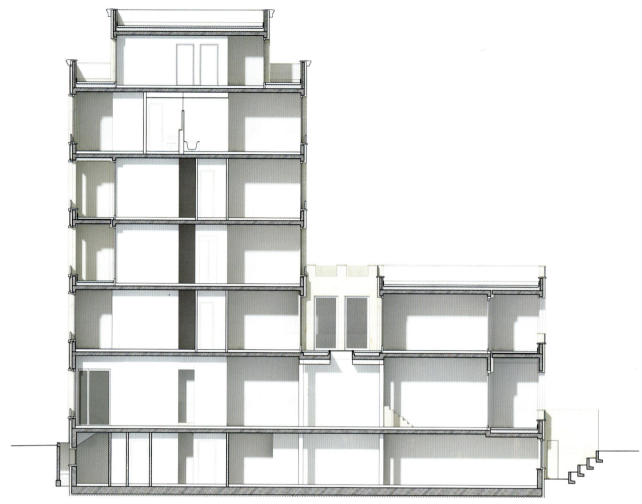

Schnitt

Ansicht Erdgeschoss

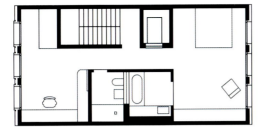
4. Obergeschoss

3. Obergeschoss

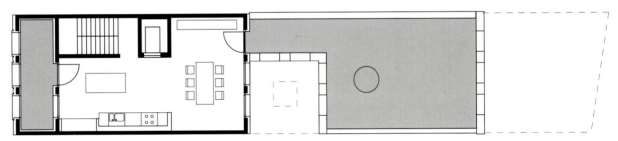
2. Obergeschoss

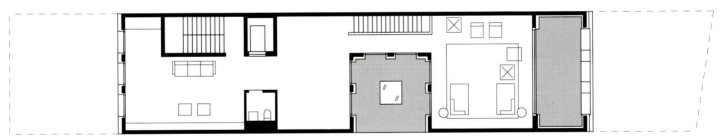
1. Obergeschoss

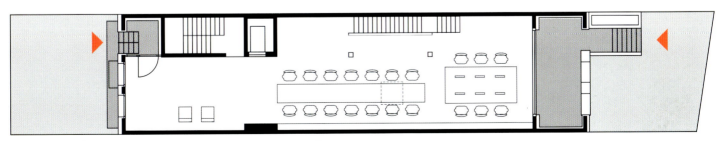
Erdgeschoss

Maßstab 1:100 / 1:200

59

Die dunkelviolette Klinkerfassade, deren Ziegel im sich ändernden Tageslicht changieren, ruft in Material und Verarbeitung Erinnerungen an den Backsteinexpressionismus hervor. Die Formensprache des Gebäudes ist indessen unmissverständlich modern. Vier mittig übereinandergesetzte horizontale Fensteröffnungen verleihen der straßenseitigen Fassade eine klare Struktur. Eine der Fensteröffnungen ist deutlich flacher, wie um eine allzu starre Geometrie zu verhindern. Treppe und Aufzug sind in der Mitte des Hauses angeordnet. Das erste Obergeschoss mit seiner zur Straße ausgerichteten Küche und einer zum Garten orientierten Galerie ist durch einen großzügigen Luftraum mit dem Wohnraum im Erdgeschoss verbunden und gibt somit große Wandflächen für Kunst frei. Im zweiten Obergeschoss ist dem Schlafzimmer zur Gartenseite eine 13 Meter tiefe Terrasse vorgelagert. Drittes und viertes Obergeschoss beherbergen Räume für die Kinder. Das Dachgeschoss gliedert sich in die straßenseitig gelegene Wintergartenzone mit Sauna sowie eine hofseitige Dachterrasse mit Glasbrüstung.

## Caroline-von-Humboldt-Weg 32

*Architekt*
Hon. Prof. Johanne Nalbach

*Fachplaner*
IBT Ingenieurbüro für Tragwerksplanung (Statik)
Ingenieurbüro Kessler (Haustechnik)

*Bauherr*
D. Gädeke

*Bruttogrundfläche*
736 Quadratmeter

*Bruttorauminhalt*
2.551 Kubikmeter

*Fertigstellung*
2008

*Baukosten netto*
Kostengruppe 300: 850.000 Euro
Kostengruppe 400: 250.000 Euro
Kostengruppe 500: 28.000 Euro

*Grundstückspreis*
768 Euro/Quadratmeter

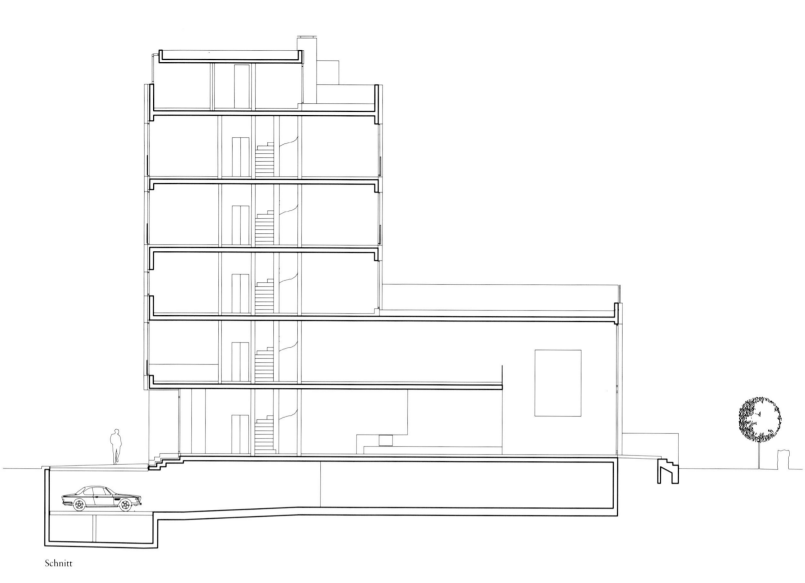

Schnitt

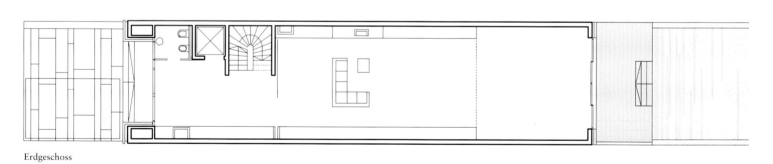

Erdgeschoss

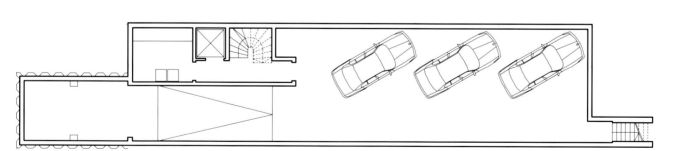

Untergeschoss

Stadthäuser als Ensembles > Caroline-von-Humboldt-Weg 32 > Hon. Prof. Johanne Nalbach

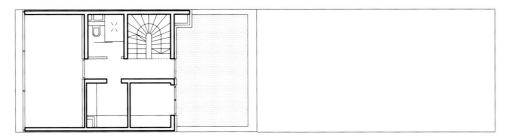
Dachgeschoss

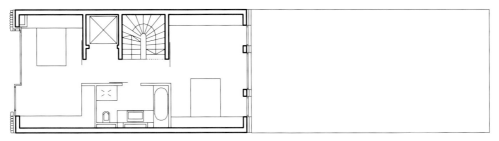
4. Obergeschoss

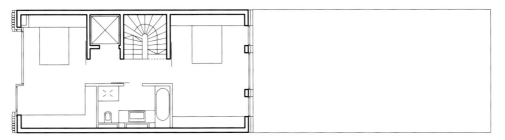
3. Obergeschoss

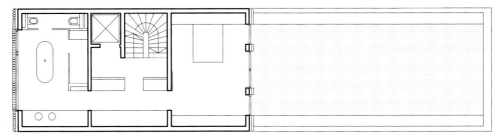
2. Obergeschoss

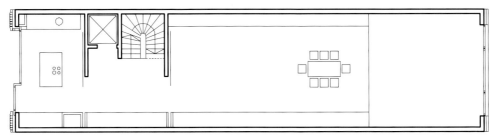
1. Obergeschoss

Maßstab 1:200

Ein zweigeschossiger Natursteinsockel markiert den Eingangsbereich des Hauses. Da sich keine Vorgartenzone an das Gebäude anschließt, wurden zwei Autostellplätze in den Sockelbereich integriert. In der Mitte befindet sich der schmale, hohe Eingang mit angelagerter Galerieebene und direktem Durchgang zum Garten. Die Straßenfassade signalisiert mit ihrer reliefhaften Gliederung eine städtische Präsenz. In ihrer membranhaften Gestalt gewähren die Sprossen-Schiebefenster Schutz vor Einblicken. Das Haus steht direkt in der Straßenachse des Caroline-von-Humboldt-Wegs; in dieser offenen Situation machen es die Fensterläden möglich, sich bei Bedarf komplett abzuschotten und nach innen auszurichten. Die Hoffassade, die nach Süden ausgerichtet ist, bietet pro Geschoss jeweils eine großflächige Fensteröffnung mit direktem Blick in den Garten. Im Haus befinden sich zwei Wohneinheiten. Die untere Einheit erstreckt sich über Erdgeschoss, erstes und zweites Obergeschoss und ist schwerpunktmäßig zum Garten orientiert. Die obere Einheit orientiert sich zum Stadtraum mit Blick auf die Friedrichwerdersche Kirche.

## Kleine Jägerstraße 3

*Architekt*
Stephan Höhne Architekten

*Fachplaner*
Ingenieurbüro Glosch (Statik)
Energum Gesellschaft für Energie und Umweltplanung (Haustechnik)

*Bauherr*
Kühne / Hinkel Bauherrengemeinschaft

*Bruttogrundfläche*
700 Quadratmeter

*Bruttorauminhalt*
2.450 Kubikmeter

*Fertigstellung*
2007

*Grundstückspreis*
768 Euro / Quadratmeter

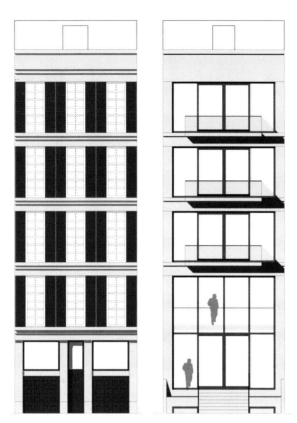

Straßenansicht    Hofansicht

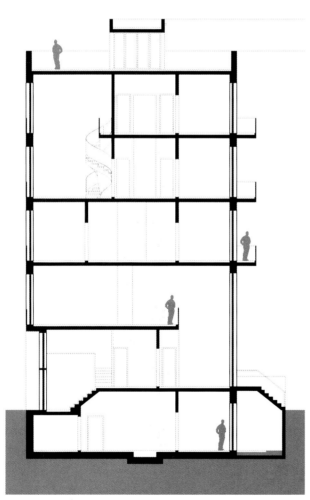

Schnitt

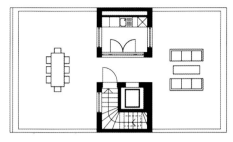

3. Obergeschoss

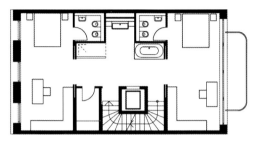

2. Obergeschoss

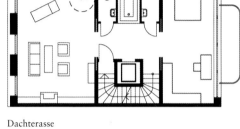

Dachterasse

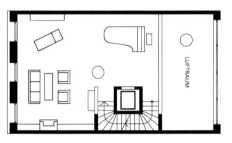

1. Obergeschoss

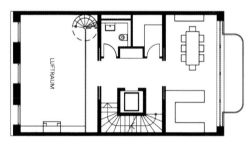

4. Obergeschoss

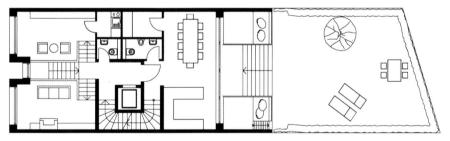

Hochparterre

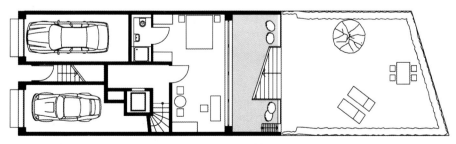

Untergeschoss

Maßstab 1:200

Mit ihrem dunklen, etwas rustikalen Backstein, den weiß abgesetzten Fensterfaschen und dunkel lackierten Schlosserarbeiten evoziert die Fassade dieses Gebäudes auf den ersten Blick den Typus des Stadthauses. Der Backstein stellt zudem Bezüge zur Schinkelschen Bauakademie und zur Friedrichwerderschen Kirche her. Die Fassade ruht auf einem hellen Sockel und wird durch vier Loggienachsen vertikal gegliedert, so dass ein Wechsel von Loggien und Risaliten entsteht. Den Dachabschluss bildet eine steinerne Attika. Straßenseitig wurde die Fassade als zweischaliges, hinterlüftetes Klinkermauerwerk ausgeführt. Die Fassade des Hochparterres, die durchlaufenden Gesimsbänder, die Fenstereinfassungen und Brüstungsfelder sowie die Attika sind als helle Putzoberfläche hergestellt worden. Die hofseitige Fassade hat ebenfalls eine helle Putzoberfläche erhalten. Das Gebäude nimmt 16 Eigentumswohnungen und ein Ladenlokal im Erdgeschoss auf, die Wohnungsgrößen variieren zwischen 80 und 280 Quadratmetern. Auf dem Dach befinden sich Dachterrassen mit kleinen Dachstudios.

# Kleine Jägerstraße 11

*Architekt*
Thomas Müller Ivan Reimann Gesellschaft von Architekten

*Fachplaner*
Ingenieurbüro Glosch (Statik),
Ingenieurbüro Alhäuser + König (Haustechnik)

*Bauherr*
CIC Group Projektentwicklungsgesellschaft mbH

*Bruttogrundfläche*
3.345 Quadratmeter

*Bruttorauminhalt*
13.570 Kubikmeter

*Fertigstellung*
2007

*Baukosten netto*
4.800.000 Euro

*Grundstückpreis*
1.800 Euro/Quadratmeter

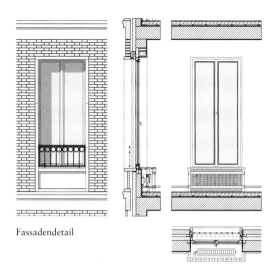

Fassadendetail

Ansicht Jägerstraße

Ansicht Niederwallstraße

Maßstab 1:200

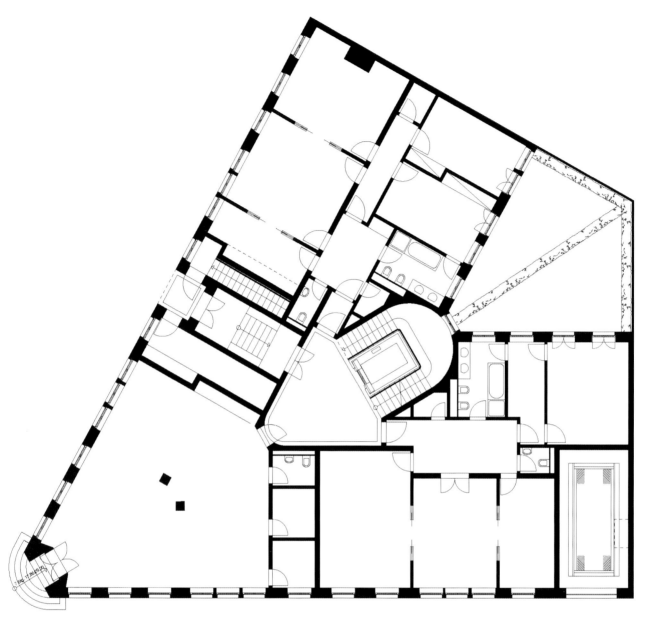

Erdgeschoss

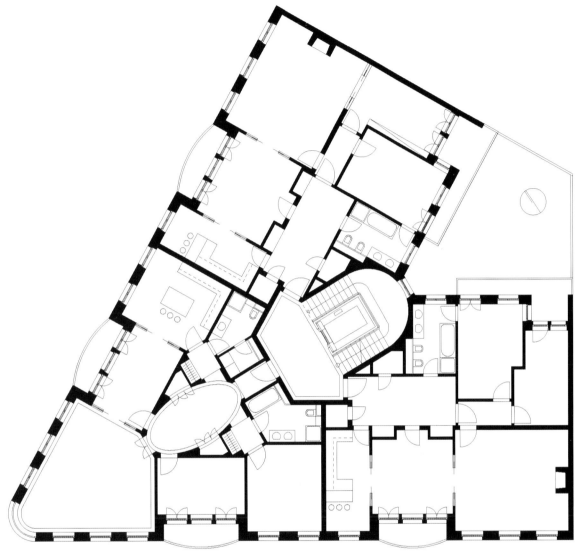

3. Obergeschoss

Maßstab 1:200

Schnitt

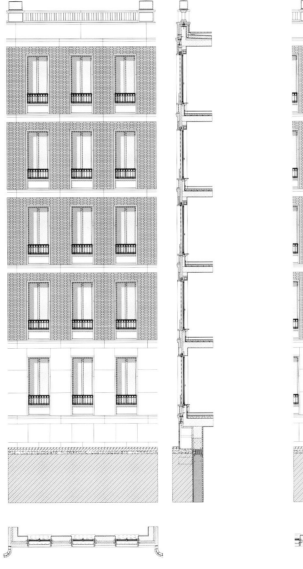
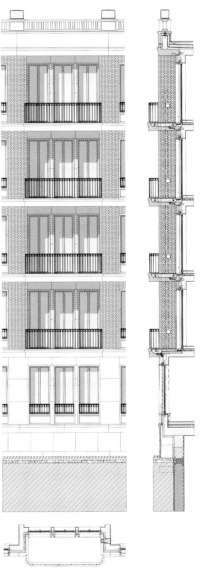

Fassadenschnitte

Maßstab 1:200

An seiner Fassade lässt sich ablesen, dass das fünfgeschossige Stadthaus eine Gewerbe- und eine Wohnnutzung birgt. Ein schmaler waagerechter Streifen trennt die unterschiedlichen Funktionen. Dennoch bildet die Hausfront eine Einheit, nicht zuletzt durch den Dreiklang aus weißer Putzfassade, gläsernen Brüstungselementen und textilem Sonnenschutz, der sich vor die Wohngeschosse legt. Im Inneren verbinden einläufige Treppen die einzelnen Ebenen. Der Wohnbereich, in den von zwei Himmelsrichtungen aus Licht einfällt, beginnt im zweiten Obergeschoss als tiefer, durchgehender Raum mit zentralem Aufzug. Dank eines begehbaren gläsernen Abschnitts auf der Dachterrasse gelangt auch in die darunter liegenden Gewerberäume Tageslicht. Im dritten Obergeschoss schließen sich zwei Schlafräume an, verbunden durch Ankleide und Bad. Das vierte Obergeschoss ist zusammen mit der kleinen Dachterrasse dem Wohnen und Arbeiten vorbehalten. Auch hier bildet die Sicht- und Lichtachse von der Straße in den Garten das zentrale Thema. Das Dachgeschoss schließlich wird vollständig als Terrasse genutzt.

## Oberwallstraße 10

*Architekt*
Hon. Prof. Johanne Nalbach

*Fachplaner*
IBT Ingenieurbüro für Tragwerksplanung (Statik)
Stanton & Co. (Haustechnik)

*Bauherr*
T. Kunert

*Bruttogrundfläche*
897 Quadratmeter

*Bruttorauminhalt*
3.195 Kubikmeter

*Fertigstellung*
2010

*Baukosten netto*
Kostengruppe 300: 820.000 Euro
Kostengruppe 400: 240.000 Euro
Kostengruppe 500: 23.000 Euro

*Grundstückspreis*
1.305 Euro/Quadratmeter

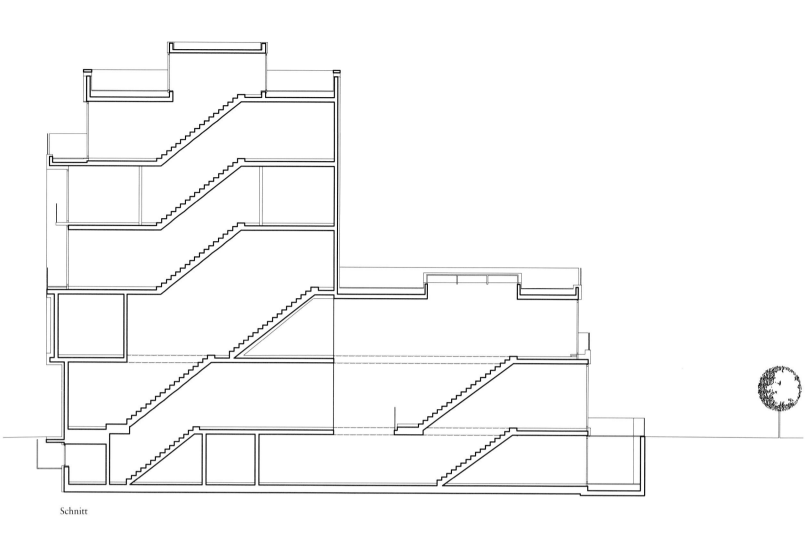

Schnitt

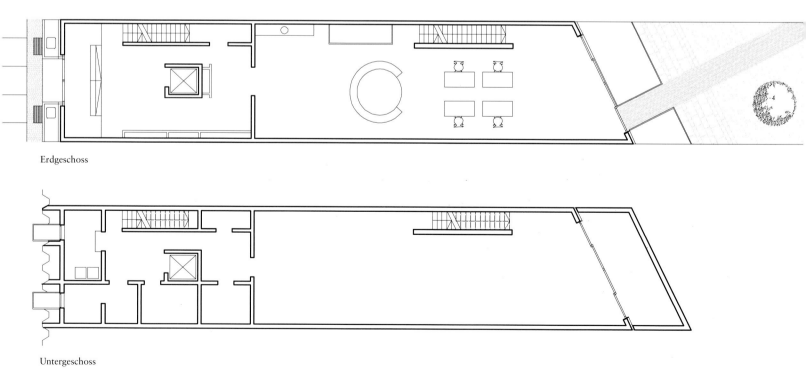

Erdgeschoss

Untergeschoss

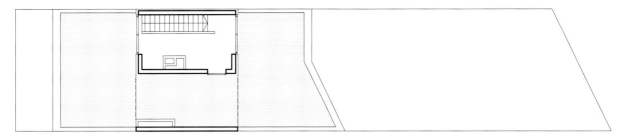

Dachgeschoss

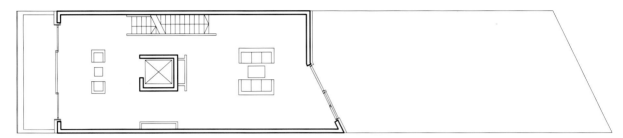

4. Obergeschoss

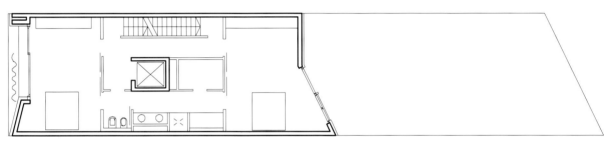

3. Obergeschoss

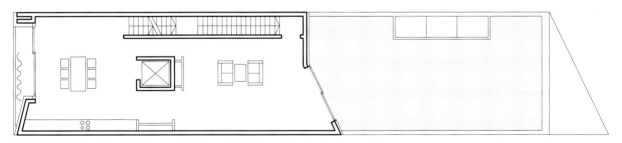

2. Obergeschoss

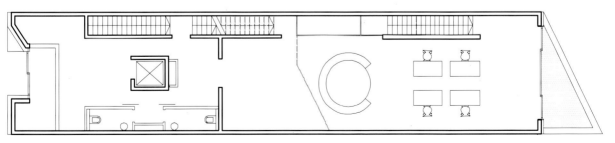

1. Obergeschoss

Maßstab 1:200

Ein Säulenpaar aus Kalkstein sowie eine symmetrische Treppenanlage zum halbgeschossig angehobenen Erdgeschoss prägen die Eingangssituation des Gebäudes. Gegenüber der Sparsamkeit der weiß verputzten Fassade wird hier ein Anflug von Opulenz spürbar. Das Säulenpaar markiert die Tiefgaragenabfahrt mit ihrem schmiedeeisernen Gittertor. Durch diese Aushöhlung des Eingangsbereichs vermieden die Planer, die Hausfront an ihrer empfindlichsten Stelle mit einem Garagentor zu belasten. Das Piano Nobile schiebt sich mit einem Erker in den Straßenraum. Dessen weiß lackierte, fein profilierte Fensterstruktur wird vom auskragenden Sockel getragen. Im Gegensatz dazu unterstreichen die einfach in den Kubus geschnittenen Fenster der beiden darüber liegenden Geschosse die Frontalität des Gebäudes, das mit einem fein gestaffelten Traufgesims einen Abschluss findet. Zurückgesetzt und damit eine Terrasse bildend, befindet sich ein weiteres Geschoss mit drei Türfenstern. Dessen flach geneigte Dachform mit einem stirnartigen Tympanon betont den physiognomischen Charakter der Fassade.

## Oberwallstraße 14

*Architekt*
Prof. Hans Kollhoff Architekten

*Bauherr*
Dr. G. H. Wächter

*Bruttogrundfläche*
875 Quadratmeter

*Bruttorauminhalt*
3.235 Kubikmeter

*Fertigstellung*
2009

*Grundstückspreis*
1.305 Euro / Quadratmeter

Ansicht West

Ansicht Ost

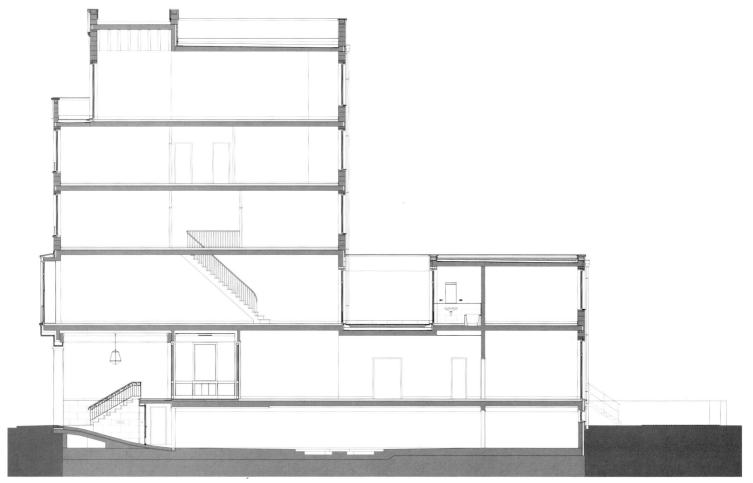

Schnitt

82  Stadthäuser als Ensembles > Oberwallstraße 14 > Prof. Hans Kollhoff Architekten

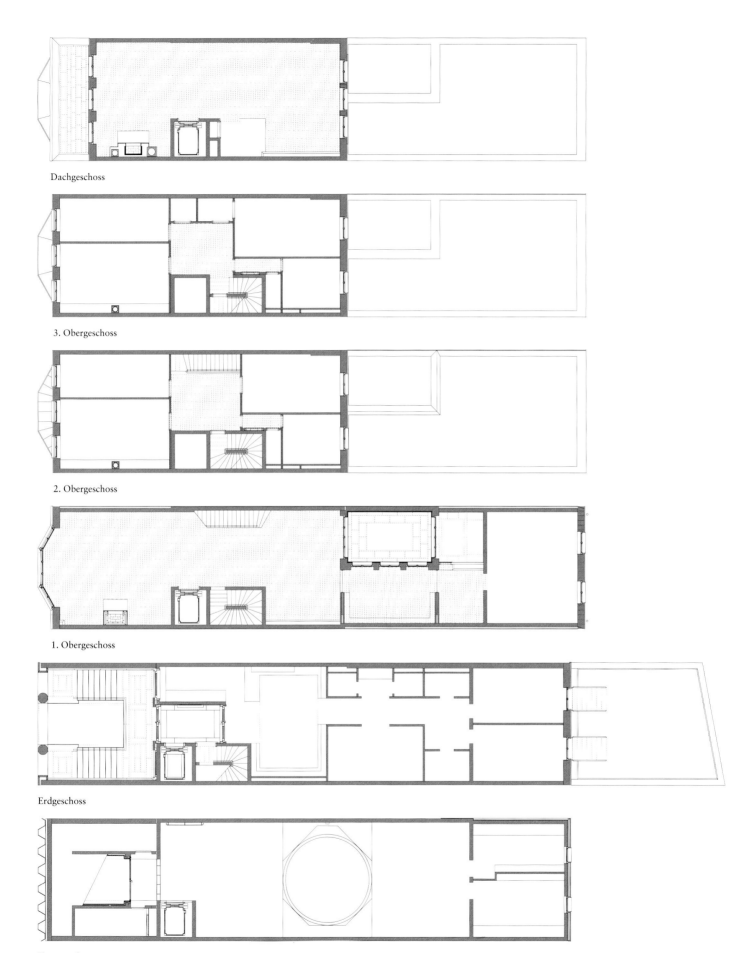

Dachgeschoss

3. Obergeschoss

2. Obergeschoss

1. Obergeschoss

Erdgeschoss

Untergeschoss

Maßstab 1:200

Zur Straßenfront präsentiert sich der minimalistische Bau von David Chipperfield Architects nahezu skulptural: Durch die Komposition zweier versetzt angeordnet stehender Quader mit verglaster Stirnseite erhält die Fassade Tiefe. Die für ein Townhouse ungewöhnliche Lage der Treppe an der Fassade unterstreicht die Bedeutung der Vertikalen für den Entwurf. Viel Licht lassen die von grauen Rahmen umgebenen großflächigen Fenster in die Wohnräume. Tageslicht und Raum genossen bei der Konzeption Priorität vor Flächenoptimierung und Flexibilität. Für den Wohnbereich wurden offene Etagengrundrisse geplant. Das Haus wird als Einfamilienhaus mit Atelier genutzt und bietet einschließlich des Untergeschosses sechs Ebenen zur Nutzung. Über seine Raumhöhen gewinnt das Gebäude Großzügigkeit. Das Atelier im Erdgeschoss und der über einem Zwischengeschoss liegende Wohnbereich im ersten Obergeschoss sind jeweils zweigeschossig. Das Dachgeschoss weicht als Staffelgeschoss zurück. Die Garage befindet sich im Erdgeschoss.

# Oberwallstraße 15

*Architekt*
David Chipperfield Architects

*Fachplaner*
Ingenieurgruppe Bauen (Statik)
Ingenieurbüro Dipl.-Ing. Peter Kessler (Haustechnik)

*Bruttogrundfläche*
540 Quadratmeter

*Bruttorauminhalt*
1.950 Kubikmeter

*Fertigstellung*
2009

*Grundstückspreis*
1.305 Euro/Quadratmeter

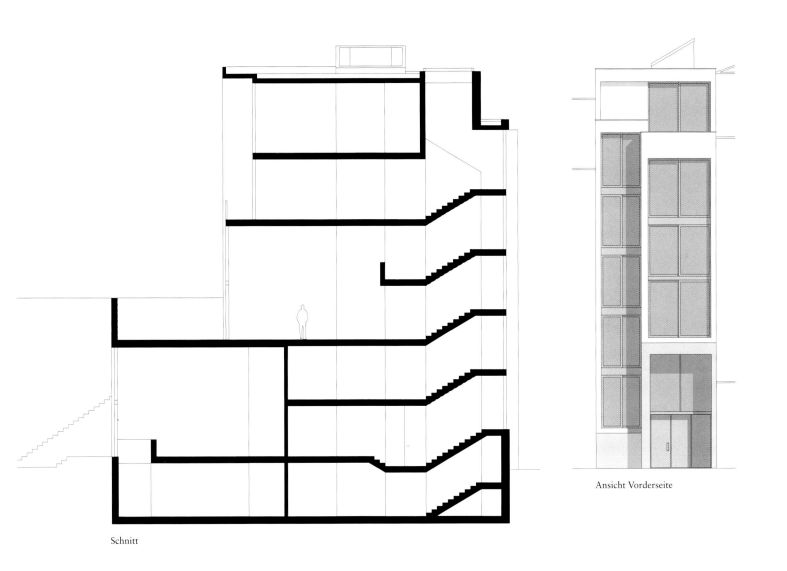

Schnitt

Ansicht Vorderseite

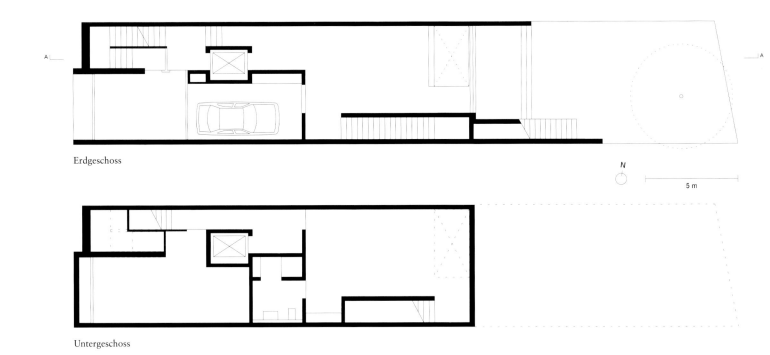

Erdgeschoss

Untergeschoss

Stadthäuser als Ensembles > Oberwallstraße 15 > David Chipperfield Architects

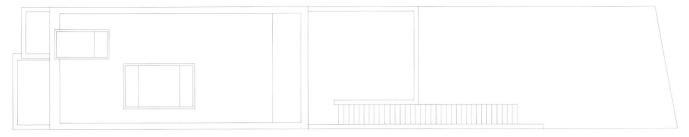

Dachaufsicht

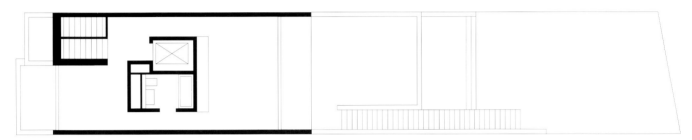

3. Obergeschoss

2. Obergeschoss

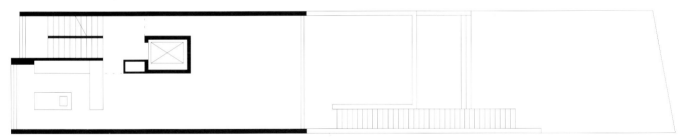

1. Obergeschoss

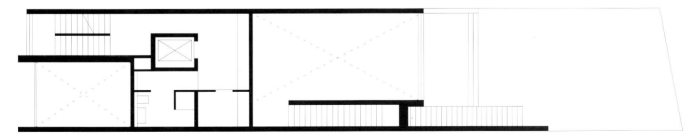

Zwischengeschoss

Maßstab 1:200

Das fünfgeschossige Townhouse befindet sich auf einer der kleineren Parzellen am Friedrichswerder. An der straßenseitigen Fassade prägt ein goldfarbenes Metallgeflecht das Bild. Das feine Metallgewebe aus festen und verschiebbaren Sonnen- und Sichtschutzelementen verdeckt einen Teil des dahinter liegende Fassadenrasters aus Sichtbeton und Glas. Das Haus umfasst zwei Wohneinheiten, welche voneinander getrennt oder miteinander verbunden werden können. Im Untergeschoss bilden die Küche und das Esszimmer einen zusammenhängenden Bereich. Dieser Raum erstreckt sich mit einem Luftraum im Erdgeschoss von der Straße über ein Wasserbecken zum Garten durch die gesamte Tiefe des Hauses. Im Gegensatz hierzu wirken die Privaträume in den oberen Etagen introvertiert. Schlafzimmer und Badezimmer öffnen auf einen von außen nicht einsehbaren Innenhof, der über eine Außentreppe auf den Dachgarten führt. Der Sport- und Wellness- Bereich im dritten Obergeschoss vermittelt zwischen Innen und Außen: Er erweitert sich über großflächige Faltschiebefenster auf eine Terrasse.

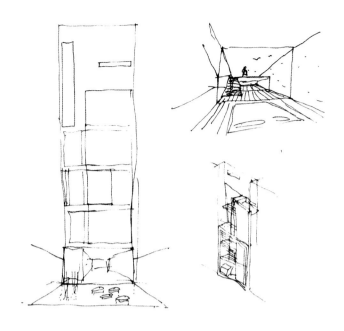

# Oberwallstraße 19

*Architekt*
abcarius + burns architecture design

*Fachplaner*
Eisenloffel.Sattler + Partner (Statik)
Syrius Ingenieur/-innengemeinschaft (Haustechnik)

*Bruttogrundfläche*
550 Quadratmeter

*Bruttorauminhalt*
2.239 Kubikmeter

*Fertigstellung*
2009

*Grundstückspreis*
1.266 Euro/Quadratmeter

Ansicht Garten  Ansicht Straße

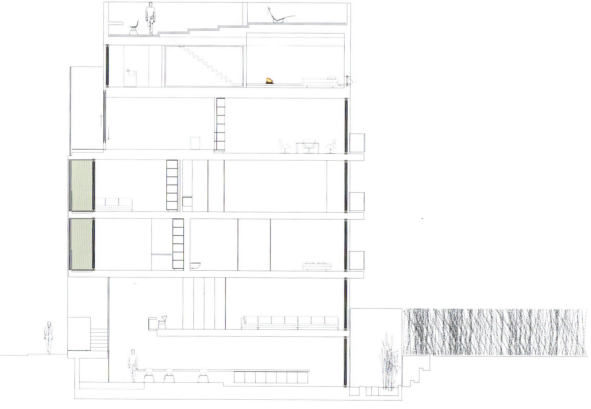

Schnitt

Stadthäuser als Ensembles > Oberwallstraße 19 > abcarius + burns architecture design

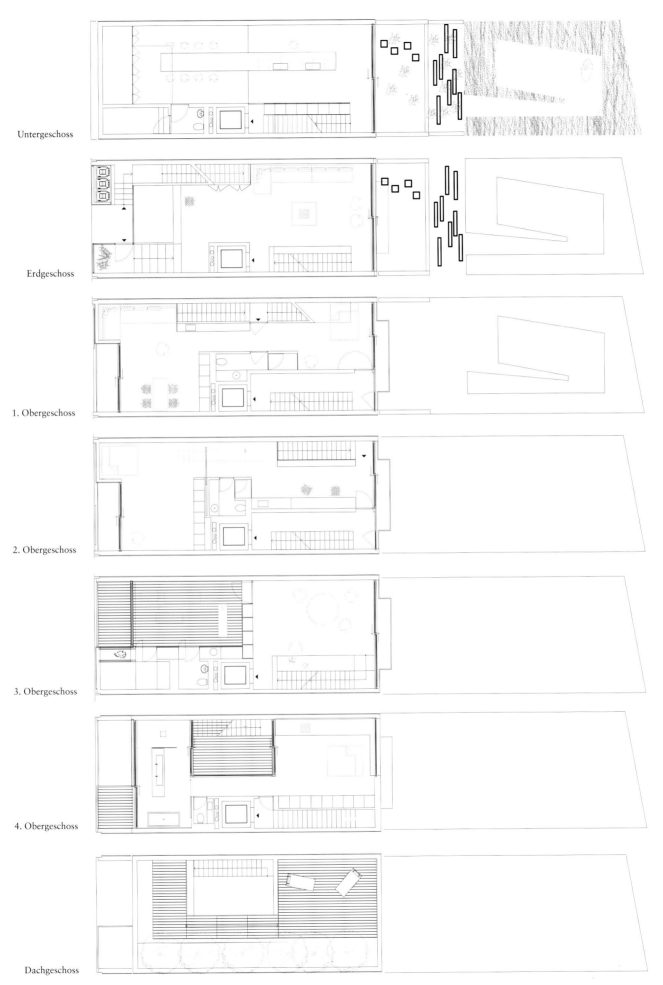

Untergeschoss

Erdgeschoss

1. Obergeschoss

2. Obergeschoss

3. Obergeschoss

4. Obergeschoss

Dachgeschoss

Maßstab 1:200

Große transparente Flächen markieren die Front dieses Gebäudes. Sie setzen, die Geschosse in der Breite betonend, einen horizontalen Kontrapunkt zur schmalen Form des Townhouses. Die Offenheit der Fassade gibt dem Haus einen extrovertierten Charakter. Wieviel die Bewohner vom Innenleben des Gebäudes preisgeben wollen, entscheiden sie durch Auf- oder Zuziehen der Vorhänge. Die Architekten des Büros Grüntuch Ernst schufen in dieser Gebäudehülle ein erhobenes, fließendes Raumkontinuum mit luftigen Wohnerweiterungen in der Höhe. Im Erdgeschoss wurde eine Garage untergebracht. In den ersten versetzten Obergeschossen stuft sich der zweigeschossige Wohnbereich von der Straße zum Garten ab. Mit ihm bildet er einen großen, in Höhe wie Tiefe erweiterten Lebensraum. Als markante Diagonale erstreckt sich eine einläufige Treppe über mehrere Etagen, deren weite Räume in das große Raumvolumen eingehängt wirken. Über dem vierten Geschoss befindet sich mit Terrassen, Dachgärten und Patio mit Wasserbecken der private Rückzugsbereich der Bauherren.

# Oberwallstraße 21

*Architekt*
Grüntuch Ernst Architekten

*Fachplaner*
IBT Ingenieurbüro für Tragwerksplanung (Statik)
Ridder und Meyn (Haustechnik)
Topotek 1 (Freiraumplanung)
Licht Kunst Licht (Lichttechnik)

*Bruttogrundfläche*
475 Quadratmeter

*Bruttorauminhalt*
1.160 Kubikmeter

*Fertigstellung*
2008

*Grundstückspreis*
1.266 Euro/Quadratmeter

**Projektübersicht Friedrichswerder**

1. Caroline-von-Humboldt-Weg 6
   *Klaus Theo Brenner*
2. Caroline-von-Humboldt-Weg 14
   *Bernd Albers*
3. Caroline-von-Humboldt-Weg 18
   *Jordi & Keller Architekten*
4. Caroline-von-Humboldt-Weg 20
   *Meuser Architekten*
5. Caroline-von-Humboldt-Weg 32
   *Hon. Prof. Johanne Nalbach*
6. Kleine Jägerstraße 3
   *Stephan Höhne Architekten*
7. Kleine Jägerstraße 11
   *Thomas Müller Ivan Reimann Architekten*
8. Oberwallstraße 10
   *Hon. Prof. Johanne Nalbach*
9. Oberwallstraße 14
   *Prof. Hans Kollhoff Architekten*
10. Oberwallstraße 15
    *David Chipperfield Architects*
11. Oberwallstraße 19
    *abcarius + burns architecture design*
12. Oberwallstraße 21
    *Grüntuch Ernst Architekten*

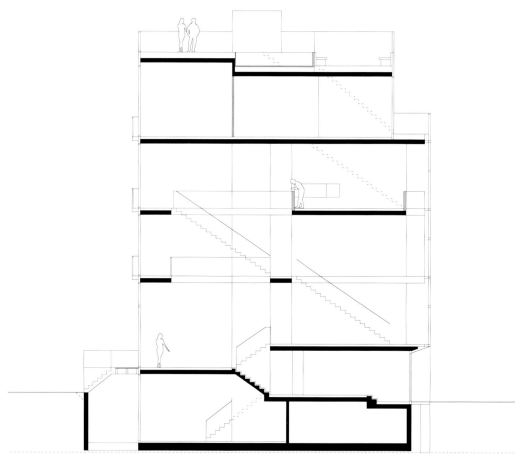

Schnitt

## Stadthäuser als Ensembles
Prenzlauer Gärten

Prenzlauer Berg – der Name eines ehemaligen Stadtbezirks ist seit dem Fall der Mauer schnell zu einem Synonym für das junge Berlin geworden. Hier im dicht bebauten ehemaligen Arbeiterquartier wohnen und arbeiten besonders viele Neu-Berliner mit ihren jungen Familien. Mit Blick auf diese Zielgruppe entwarf das Büro Stephan Höhne das am Volkspark Friedrichshain gelegene Stadthausquartier »Prenzlauer Gärten«.[1] Von der verkehrsreichen Greifswalder Straße durch einen beistehenden Häuserblock abgeschirmt, entstand auf dem überwiegend unbebauten Grundstück der ehemaligen »Schweizer Gärten« (einem aus dem 19. Jahrhundert stammenden Vergnügungspark mit Bier- und Kaffeegarten) auf rund 15.000 Quadratmetern ein Ensemble aus 61 gereihten Stadthäusern und zwei Torhäusern, die den Eingang in das Quartier markieren. Städtebaulich ist das Quartier eines privaten Projektentwicklers und Bauträgers aus Bremen sozusagen eine Tochter des IBA-Projektes an der Lützowstraße. Wie dort erfolgt die innere Erschließung über eine sorgfältig gestaltete Privatstraße (Architekt WES & Partner), die etwas hochtrabend als Allee bezeichnet wird. Von hier aus erfolgt der Zugang zu den Garagen im Souterrain und zu den über eine Treppe erreichbaren Hauseingängen. Die Größe der drei- bis viergeschossigen Häuser variiert zwischen 109 und 283 Quadratmetern Wohnfläche. Je nach individuellen Ansprüchen und Kaufkraft der Erwerber gibt es unterschiedliche Grundrisstypen. Anders als im Fall der Stadthäuser auf dem Friedrichswerder bestimmen nicht die Eigentümer Größe, Grundriss und Architektur. Vielmehr wählen sie ein ihren Ansprüchen und Möglichkeiten gerecht werdendes Haus aus. Diese Wahlmöglichkeit geht bis in innenarchitektonische Details, bezieht sich aber ausdrücklich nicht auf die Architektur der Gebäude und ihre Fassaden. Mit dem Erwerb eines Hauses entscheidet man sich so auch für den vom Architekten vorgeschlagenen klassizistischen Eindruck. Stephan Höhne bezieht sich mit dieser architektonischen Haltung ausdrücklich auf das Londoner Townhouse. Dessen Kennzeichen ist ein hohes Maß an Uniformität.[2] Sie war Ausdruck der Abneigung wohlhabender Engländer, ihre Individualität und ihren Reichtum nach außen über das Material und den ornamentalen Schmuck der Fassaden zu zeigen. Zur Typologie des englischen Townhouses gehört schließlich der Niveauunterschied zwischen Straße und Vorgarten mit dem über eine Treppe erreichbaren Erdgeschoss. Wegen dieser raffinierten Terrassierung hat sich für diesen Typ der Begriff *Terrace* eingebürgert. Die Stadthäuser der Prenzlauer Gärten transformieren das Terrace-Prinzip zu Stadthäusern an einer Privatstraße mit einheitlich weißen Putzfassaden, schwarz lackierten Eisenzäunen und Balkongittern, dunklen Hauseingangstüren und der Anlage einer Garage im Souterrain (siehe dazu exemplarisch Schnitt Typ M). Das Projekt war nach dem Firmenmotto »Auswählen, Kaufen, Einziehen« in kurzer Zeit ausgebucht. Inzwischen haben sich Nachfolgeprojekte wie die »Stadtgärten Winsviertel« (Architekt Stephan Höhne) sowie das Projekt Marthashof (Architekten Grüntuch und Ernst) etabliert, beide ebenfalls im Stadtbezirk Prenzlauer Berg. Offensichtlich gewinnt diese Form innerstädtischen Wohnens im eigenen Stadthaus, das äußerlich von Tradition und Konvention geprägt ist, gerade bei den global agierenden, vom Kommunikations- und Mobilitätsalltag geprägten Großstadtbewohnern eine neue Bedeutung.[3]

Die städtebauliche Form mit ihrer Lage an einer Privatstraße im Blockinnenbereich bleibt jedoch notwendigerweise die Ausnahme für große, ehemals gewerblich genutzte Grundstücke in der Stadt. Mit ihrer Lage und mit ihrer reinen Wohnnutzung profitieren die Häuser von der vorhandenen urbanen Mischung ihrer Umgebung. Auf dem Weg zum propagierten Vorbild englischer Townhouses sind sie daher nur ein Schritt in die richtige Richtung.[4]

**1** Unternehmensbroschüre, Prenzlauer Gärten Grundbesitz AG, Bremen/Berlin 2006

**2** Siehe dazu: Wüstenrot Stiftung (Hg.), Klaus Theo Brenner, (mit Helmut Geisert), Das städtische Reihenhaus, Stuttgart 2004, S.190–194

**3** Siehe dazu: Helmut Häußermann, Städte oder Heimat? in: Stadt Ulm/Architektenkammer Baden-Württemberg, Heimat bauen, Ulm 2009, S. 25–39

**4** Andreas K. Vetter, Urbane Reihen und dörfliche Höfe, in: Deutsches Architektenblatt Nr. 2/2010, S.16–19

In Anlehnung an städtische Blockdurchwegungen wie Riehmers Hofgarten oder die Goethepassage in Berlin bilden die Prenzlauer Gärten ein abgeschlossenes städtisches Ensemble. Zwei hohe Kopfbauten mit Geschosswohnungen bilden eine Torsituation, hinter der sich eine tief in das Grundstück verlaufende Wohnstraße mit beidseitiger Bebauung aus drei- bis viergeschossigen Stadthäusern anschließt. Das historische Gebäude der Schneiderbrauerei sowie der Märchenbrunnen des Volksparks Friedrichshain werden als Anfangs- und Endpunkt eines längsorientierten Stadtraumes inszeniert. Mittelpunkt dieses Stadtraums ist der zentrale Pocketpark. Die Häuser sind sämtlich mit einem weißen Glattputz versehen, die Fassaden fein profiliert. Schwarz lackierte Metallgeländer und Haustüren sowie bordeauxrote textile Sonnenschutzmarkisen setzen sich vor dem hellen Putz ab. Sechs unterschiedliche Hausgrößen von 110 bis zu 255 Quadratmetern Wohnfläche bieten Raum für verschiedenste Lebensformen. Jedes Townhouse verfügt über einen Patiogarten und eine Dachterrasse.

## Am Friedrichshain 28–32

*Architekt*
Stephan Höhne Architekten

*Fachplaner*
Frankenstein Consult (Statik)
Energum (Haustechnik)

*Bauherr*
Prenzlauer Gärten Grundbesitz GmbH

*Bruttogrundfläche*
rund 15.500 Quadratmeter (oberirdisch)

*Fertigstellung*
2008

Vogelschauperspektive

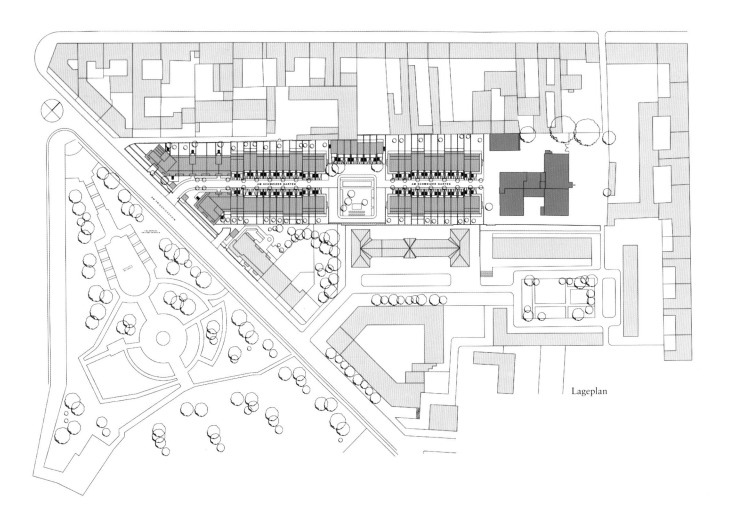
Lageplan

Stadthäuser als Ensembles > Am Friedrichshain 28–32 > Stephan Höhne Architekten

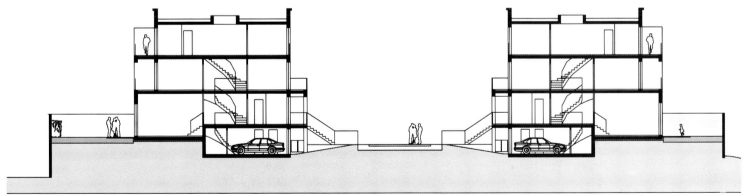

Maßstab 1:500

Berlin, die Stadt der Mietshäuser mit Seitenflügeln und Hinterhäusern, besteht in den Blockinnenbereichen auch aus verborgenen Schulen, den gewerblichen Nutzungen von Handwerksbetrieben, Speditionen, Brauereien, aber auch Theatern, Krankenhäusern, Biergärten – und damit aus einer bis heute wirksamen urbanen Mischung alter und neuer Nutzungen. Ein solch tiefes, bis an den Friedhof der nahen Elisabeth-Himmelfahrt und Versöhnungsgemeinde heranreichendes Grundstück war das an der Strelitzer Straße 53. Das im rückwärtigen Teil gewerblich genutzte Grundstück in der Nähe der Bernauer Straße lag bei Mauerbau 1961 an der Grenze zum Westsektor. Das Grundstück wurde samt Gebäude zuerst enteignet und anschließend wie die einsam im Todesstreifen stehende Versöhnungskirche gesprengt. Nach dem Fall der Mauer wurde das Grundstück restituiert und an eine »Grundstücks- und Vermögensgesellschaft« verkauft. Auf diesem Grundstück entstanden im neuen Jahrhundert zwei höchst unterschiedliche Projekte. Die Baulücke im vorderen Teil wurde von einer Baugruppe mit einem Wohnhaus geschlossen. Auf dem rückwärtigen, vormals gewerblich genutzten Grundstücksteil entstanden mit Blick auf den ehemaligen Mauerstreifen 16 gereihte Stadthäuser.[1] Ihre Erschließung erfolgt wie die frühere gewerbliche Nutzung durch ein Tor im Vorderhaus mit einem sich aus dem Grundstückzuschnitt ergebenden gebogenen Wohnweg. Die für jeden Bauherren individuell entworfenen Wohnhäuser liegen nicht wie bei den Reihenhäusern im rückwärtigen Teil der Genthiner Straße oder wie bei den Häusern des IBA-Projektes im hinteren Bereich der Lützowstraße an einer (Privat-)Straße, sondern an einem Weg. Trotz der versteckten Lage im Hof, der vorgegebenen Zahl der Geschosse und der Anlage miniaturisierter Vorgärten entfalten Bauherren und Architekten (die teilweise identisch sind) über Fassaden und Materialien am Wohnweg ein Höchstmaß an architektonischer Selbstdarstellung. Auf diese Weise suchen sie sich als Mitglieder einer sozial vergleichsweise homogenen Bauherrengruppe zu unterscheiden. So gesehen sind die Fassaden dieses Projektes Ausdruck einer bewussten Inszenierung, aber auch einer angestrengten Identitätssuche ihrer Akteure, die architektonischen Konventionen und ästhetischen Vorgaben misstrauen. Die Bebauung in unmittelbarer Nähe zur umgebenden fünf- bis sechsgeschossigen Wohnhausbebauung sowie zum Mauerpark auf dem Todesstreifen mit der Kapelle der Versöhnung hat wohl auch aus diesem Grund den Berliner Architekturpreis erhalten.[2] Im Normalfall wäre die architektonische Fassadenvielfalt gereihter Wohnhäuser im halböffentlichen Blockinnenbereich ein originelles Beispiel für die Möglichkeit des Wohnens in der Innenstadt. Für die Besucher des Mauerparks auf dem ehemaligen Todesstreifen erzeugt das Ensemble wohl eher den Eindruck von etwas Kleinstädtischem.

## Stadthäuser als Ensembles
Bernauer Straße

**1** Siehe dazu:
Nils Ballhausen, Vom Schussfeld zum Bauland, in: Bauwelt 39–40/2008, S. 28–37
Architektenkammer Berlin (Hg.), Architektur Berlin 10, Berlin 2010, S. 51

**2** Architekturpreis Berlin e.V. (Hg.), Preis 2009
Der Preis ging an die Architekten des Vorderhauses (fat koehl Architekten) und an die rückwärtige Bebauung gereihter Stadthäuser. Damit sei »ein Modell entstanden, das potentielle Qualitäten innerstädtischen Wohnraums zwischen Straße und Hof auf tektonische Dogmen umsetzt« (Architekturpreis Magazin).

Das Stadthaus pointiert mit seiner hölzernen Fassade die gebogene Häuserzeile und ist dennoch zugleich in die Bauflucht eingeordnet. Die Architekten haben das Haus als Passivhaus mit Dreifachverglasung, wassergeführtem Kamin, Luftwärmepumpe und Komfortlüftung konzipiert. Die Nordfassade ist in drei gleich große quadratische Öffnungen gegliedert. Die Südfassade ist raumhoch verglast und ermöglicht im Winter hohe passive Solareinträge. Der Grundriss strukturiert kleiner und größer werdende Räume zum Tageslicht hin. Durch die großflächige Verglasung wirkt der Außenraum in das Haus hinein. Die Erschließung der Geschosse nutzt die Form des Trapezes, um die inneren Treppen übereinander zu verschieben und so einen großzügigen Raumeindruck zu schaffen. Die haptischen und visuellen Merkmale der verwendeten Materialen – unbehandeltes kanadisches Zedernholz außen, Eichendielen und Kalkstein innen sowie zur Verglasung Weißglas – verschaffen dem Wohnhaus Gestalt und Struktur.

## Bernauer Straße 5a

*Architekt*
schöningmosca Architekten

*Fachplaner*
Ingenieurbüro Motmaen (Statik)
Institut für Bauen und Nachhaltigkeit Nordhoff
(Energieberatung)

*Bauherr*
Beatrice Mosca und Wolfgang Schöning

*Bruttogrundfläche*
248 Quadratmeter

*Bruttorauminhalt*
768 Kubikmeter

*Fertigstellung*
2010

*Baukosten netto*
Kostengruppe 300: 330.000 Euro
Kostengruppe 400: 48.000 Euro
Kostengruppe 500: 10.000 Euro

*Grundstückspreis*
Erbpacht

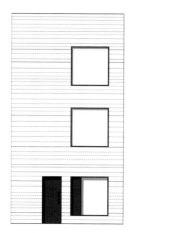
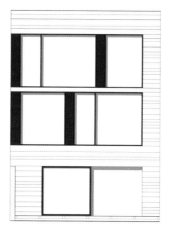

Ansicht Nord-Ost                Ansicht Süd-West

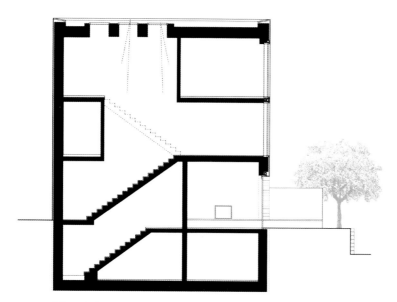

Längsschnitt

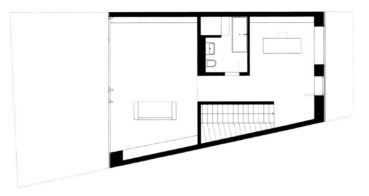

2. Obergeschoss

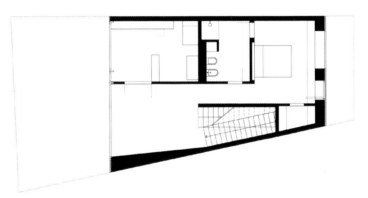

1. Obergeschoss

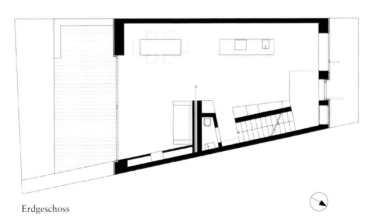

Erdgeschoss

Maßstab 1:200

Drei gegeneinander versetzte Fensterbänder strukturieren die Front des dreigeschossigen Gebäudes. Außen und innen prägt Beton das Erscheinungsbild. Die geschlossenen Fassadenteile bestehen aus zweischaligen Beton-Fertigelementen mit Kerndämmung. Im Inneren des Hauses wurden Wand- und Deckenflächen aus Beton-Halbfertigteilen errichtet. Die Bodenbeläge sind aus Naturstein und Holz. Das Gebäude bietet Wohn- und Arbeitsraum für eine Familie mit zwei Kindern. Um neben dem Garten weitere Außenflächen nutzen zu können, wurden eine Dachterrasse und ein Dachgarten geschaffen. Der Wohnraum mit Küche im Erdgeschoss verfügt über einen zweigeschossigen Luftraum mit vollflächiger Verglasung zur Südseite. Im ersten Obergeschoss befindet sich zurückgesetzt eine offene Arbeitsgalerie. Durch den abgesenkten Lichthof im Bereich des Vorgartens ist es möglich, das Untergeschoss zum Teil als Wohnfläche zu nutzen. Schwerpunkte der technischen Ausstattung sind die Nutzung regenerativer Energien und der Einsatz ressourcenschonender Gebäudetechnik.

# Bernauer Straße 6b

*Architekt*
Kai Hansen Architekten

*Fachplaner*
Weistplan (Statik)
IG Schiller & Drobka (Haustechnik)

*Bauherr*
Anne und Philipp Haffmans

*Bruttogrundfläche*
281 Quadratmeter

*Bruttorauminhalt*
892 Kubikmeter

*Fertigstellung*
2009

*Baukosten netto*
Kostengruppe 300: 358.000 Euro
Kostengruppe 400: 67.000 Euro
Kostengruppe 500: 5.000 Euro

*Grundstückspreis*
Erbpacht

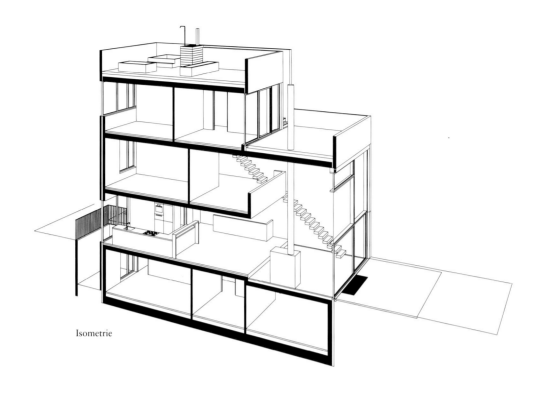

Isometrie

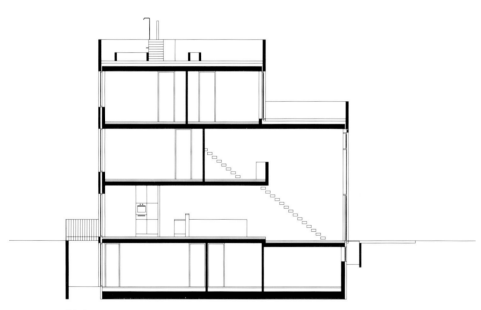

Schnitt

**Stadthäuser als Ensembles** > Bernauer Straße 6 b > Kai Hansen Architekten

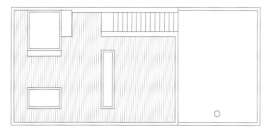

Dachaufsicht

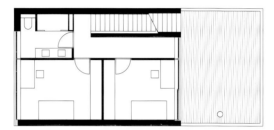

2. Obergeschoss

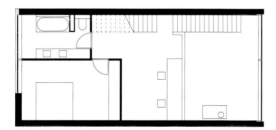

1. Obergeschoss

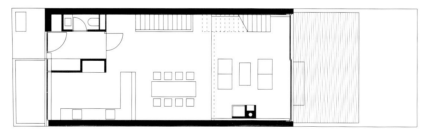

Erdgeschoss

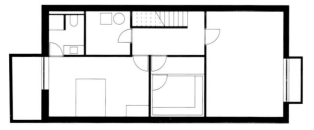

Untergeschoss

Maßstab 1:200

Das Gebäude mit sandsteinfarbener Lochfassade präsentiert sich von außen äußerst reduziert. In der glatt verputzten Fassade des Reihenhauses befinden sich, versetzt angeordnet, Fenster verschiedener Größe und verschiedenen Formats. Lediglich ein Fenster im obersten Geschoss wurde mit Faschen versehen. Die Fassade zieht sich um die Ecke in die Hofseite, wo der Innenraum dicht bebaut ist. Hier wirkt sie als trennendes Element zwischen öffentlichem und privatem Raum. Das Erdgeschoss wird als Büro mit eigenem Zugang genutzt, der Rest des Hauses erschließt sich über einen langen Weg bis ganz nach oben. Ein geschlossener Treppenraum führt direkt zum zweiten Obergeschoss. Im Laufe des Tages fällt über innenliegende Fenster, über Durchgänge und sonnenbeleuchtete Wände indirektes Licht in den Treppenraum. Im zweiten Stock gibt ein großes Fenster den Blick nach Nordwesten zur Mauergedenkstätte frei. Im dritten Stock schließlich öffnet sich das Haus mit einem großen Fenster nach Südwesten und – von außen fast unbemerkt – nach Süden auf die Terrasse.

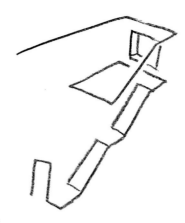

# Bernauer Straße 8

*Architekt*
SDU Architekten

*Fachplaner*
Günther Reiche (Statik)
Büro für neue Energietechnik Naimer (Haustechnik)

*Bauherr*
Carola Sigel, Franco Dubbers

*Bruttogrundfläche*
223 Quadratmeter

*Bruttorauminhalt*
883 Kubikmeter

*Fertigstellung*
2008

*Baukosten netto*
Kostengruppe 300: 250.000 Euro
Kostengruppe 400: 48.000 Euro
Kostengruppe 500: 8.000 Euro

*Grundstückspreis*
Erbpacht

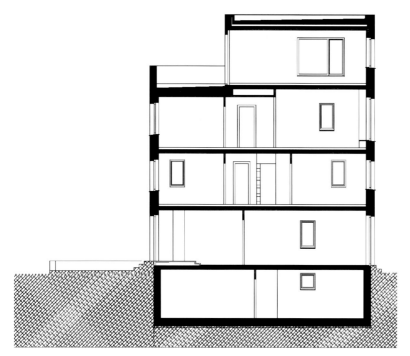

Schnitt

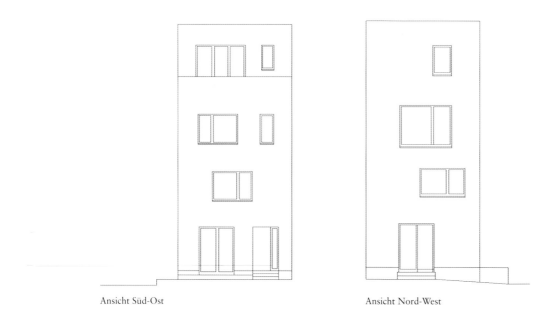

Ansicht Süd-Ost

Ansicht Nord-West

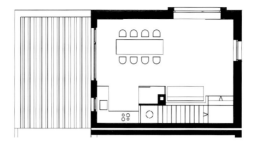

3. Obergeschoss

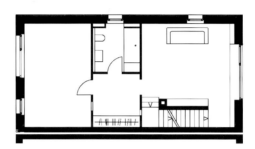

2. Obergeschoss

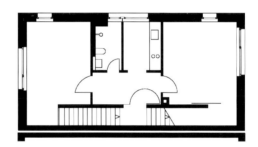

1. Obergeschoss

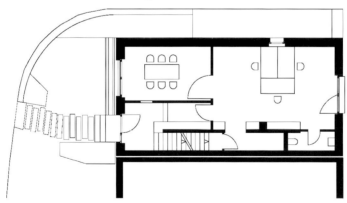

Erdgeschoss

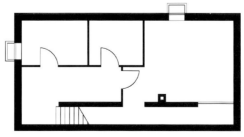

Untergeschoss

Maßstab 1:200

# Stadthäuser als Reihenhäuser

01  02  03  04

**01** Alt Stralau 30–31a
**02** Alice-und-Hella-Hirsch-Ring 40–68
**03** An der Bucht 61/63
**04** Krachtstraße und Glasbläserallee
**05** Am Pankepark 14–53
**06** Kieler Straße 20–30

05  06

Das Reihenhaus am Rande der Großstadt ist so etwas wie der kleine Bruder des freistehenden Einfamilienhauses. Entstanden ist das Reihenhaus mit der Gartenstadtbewegung. Die besten Vertreter dieser Typologie schufen als zweigeschossige Häuser eine städtebauliche Geschlossenheit des Straßenbildes in den Gartenstädten und verbanden nachbarschaftliche Nähe mit der Beschaulichkeit kleiner Gärten.[1] Exemplarisch gelungen ist dies zum Beispiel in der 1912 bis 1914 gebauten Gartenstadt Zehlendorf von Mebes und Emmerich, in der von Bruno Taut geschaffenen Gartenstadt Falkenberg sowie in der Gartenstadt Staaken, etworfen von Paul Schmitthenner. Entstanden sind damals kleinstädtisch anmutende Strukturen und Bilder am Rande der Großstadt.

Wenige Jahre später, nach dem Ende des Ersten Weltkriegs, wurden aus den Gartenstädten schrittweise Siedlungen. Beispiele sind hier die Waldsiedlung in Lichtenberg von Peter Behrens oder die von Max Taut geplante Siedlung Eichkamp. Wie im Fall der Gartenstädte ging es bei diesen Siedlungen immer darum, eine geschlossene Bebauungsform zu entwerfen. Den Höhepunkt dieser Entwicklung markiert zweifelsohne die Hufeisensiedlung von Bruno Taut und Martin Wagner als Teil der damaligen »Großsiedlung« Britz. Diese Garten- beziehungsweise Siedlungsbautradition mit stadtbaukünstlerischem Anspruch brach mit dem Ende des Zweiten Weltkriegs abrupt ab. Von nun an wurden Siedlungen und zuletzt Großsiedlungen im Geschosswohnungsbau gebaut, die unter dem Leitbild der Stadtlandschaft den früheren Gestaltungsanspruch traditioneller Raumbilder bewusst vermieden. Reihenhäuser, wie zum Beispiel im Hansaviertel, blieben dabei die große Ausnahme. Gebaut wurden vielmehr, wie später in der Gropiusstadt, so genannte Teppichsiedlungen, die noch deutlicher als die Reihenhaussiedlungen der Nachkriegsjahre die Ablösung des Hauses von der öffentlichen Straße und damit die Auflösung des Städtischen zum Ausdruck brachten. Erst mit der Gartenstadt Düppel wurde kurz vor der Wende in West-Berlin der Versuch unternommen, an die Tradition des kleinen vorstädtischen Reihenhauses der Zeit vor 1914 anzuknüpfen. Mit dem Fall der Mauer wurden auch diese verzweifelten Versuche West-Berliner Planer, die überwunden geglaubte Wohnungsbautradition weiterzudenken, abrupt beendet.

Mit der unterstellten Wachstumsperspektive der neuen Metropole ging es parallel zur »Kritischen Rekonstruktion« und zur Sanierung der innerstädtischen Wohngebiete nun wieder um Wohnungsneubauten im großen Stil. Das Leitbild dafür war nicht mehr die Siedlung als Teil der Stadtlandschaft, sondern die Vorstadt. Die Größe dieser (mit einer Ausnahme) im ehemaligen Ost-Berlin gelegenen zwölf neuen Vorstädte bewegte sich etwa zwischen 40 bis 140 Hektar mit 1.500 bis 18.000 Wohneinheiten. Sämtliche

## Stadthäuser als Reihenhäuser

geplanten Vorstädte wurden nach einem eher traditionellen städtebaulichen Muster unter Berücksichtigung der lokalen Topografie mit Häusern unterschiedlicher Größe in wirtschaftlich sinnvollen Einheiten entworfen. Ausdrücklich wurde dabei nicht die kleinteilige Parzellierung, sondern das gereihte Haus im Block zur Grundlage der Neubebauung gemacht.[2] Zur Realisierung wurden treuhänderische Entwicklungsträger eingesetzt. Mitten im Prozess der Realisierung wurden besonders die als Stadterweiterung geplanten Vorstädte mit veränderten Rahmenbedingungen konfrontiert – insbesondere mit dem Wegfall der öffentlichen Förderung, der 1996 sichtbar gewordenen Finanzkrise und der Konkurrenz günstiger und eigentumsorientierter Einfamilien- und Reihenhäuser im Brandenburger Umland. Der Berliner Senat hat darauf 1996 im Rahmen der Umsteuerung mit einer eigenen Eigentumsinitiative reagiert. Orte dieser Umsteuerung waren unter anderem die neuen Vorstädte der Wasserstadt Spandau, der Rummelsburger Bucht und der Eldenaer Straße. Mit der Fortschreibung der Masterpläne für eigentumsfähige Haustypologien wurde nicht nur das städtebauliche Konzept modifiziert, sondern auch der Typus der Stadt verändert.

Aus den bis dahin vorgesehenen Geschosswohnungen im Block wurde als Antwort auf die Einfamilienhauskonkurrenten im Umland das städtische Reihenhaus zur Grundlage der Bebauung. Der modisch »Berlin-Terrace« genannte Bautyp war drei- bis maximal fünfgeschossig, vier bis sieben Meter breit und hatte damit eine Größe von 120 bis 250 Quadratmetern Wohnfläche mit kleinem Garten. Die vom Entwicklungsträger entwickelten anspruchsvollen Modellentwürfe wurden den zukünftigen Bauherren zur Anregung oder zur Auswahl angeboten. Die Eingriffe in die städtebaulichen Konzepte sowie der Wechsel der Haustypologie zum Reihenhaus bargen unter anderem auch die Gefahr gestalterischer Beliebigkeit, verbunden mit der »Versiedelung« der städtischen Konzepte.[3]

Die gebaute Realität der verschiedenen Beispiele der propagierten »Berlin-Terraces« zeigen, dass man der Gefahr nicht an allen Standorten erfolgreich begegnen konnte. In der Praxis erwies sich, dass es die gedachte typologische Grenze zwischen Reihenhaus und Terrace nicht gibt. Entscheidend für den Charakter der Gebäude mit ihren Eingängen, Garagen und Vorgärten ist ihre Haltung zum öffentlichen Raum. Am wenigsten gelungen ist dieser Transformationsprozess, der den Anspruch, Stadt zu bauen beibehielt, auf dem ehemaligen Schlachthofgelände der Eldenaer Straße. Hier hat sich, von Ausnahmen abgesehen, mit den zentrumsnahen Stadthausbebauungen die Atmosphäre einer Vorortsiedlung ausgebreitet. Durchaus erfolgreich wurde dieser Transformationsprozess dagegen auf den Arealen an der Rummelsburger Bucht bewältigt. Der Grund dafür liegt auch in der auf einen Entwurf von Klaus

Theo Brenner und Herman Hertzberger zurückgehenden Idee einer »städtischen Landschaft« mit einer Mischung aus Zeilen und an einer Seite offenen Blockrandbebauung. Zusammengehalten werden kann eine solche Vielfalt der Bebauungen in den Quartieren nur durch sorgfältig gestaltete öffentliche Räume und insbesondere durch Promenaden und Uferwege, die nicht aus der Typologie der Landschaft, sondern der Stadt kommen. Das ist nicht überall der Fall, und so ist die Symbiose traditioneller städtebaulicher Muster mit Elementen der Moderne trotz hervorragender Einzelbebauungen nur teilweise gelungen.

**1** Siehe dazu: Peter Güttler, Die Gartenstadt, in: Architekten- und Ingenieursverein zu Berlin (Hg.), Berlin und seine Bauten, Teil IV, Bd. D. Reihenhäuser, Berlin 2002, S. 2–40

**2** Siehe dazu: Hans Stimmann, Neue Vorstädte, in: Hans Stimmann/Martin Kieren, Die Architektur des neuen Berlin, Berlin 2005, S. 356–361 Senatsverwaltung für Bau- und Wohnungswesen (Hg.), Stadt Haus Wohnung, Wohnungsbau der 90er Jahre in Berlin, Berlin 1995, S. 289–403

**3** Siehe dazu: Uli Hellweg, Wasser – Stadt – Planung, in: Wasserstadt GmbH (Hg.), Wasser in der Stadt, Berlin 2000, S. 63–93

Stadthäuser am Pankepark (unten) und am Rummelsburger See (rechts)

Die drei viergeschossigen Häuser befinden sich auf der Halbinsel Stralau und sind Teil der neuen Bebauung an der Rummelsburger Bucht. Sie bilden eine kleine symmetrische Hausgruppe mit jeweils vier Wohnungen pro Etage und pro Gebäude. Die Häuser mit symmetrisch auskragenden Balkonen bilden eine Front zur Straße. Zur Wasserseite öffnen sie sich über große Balkone mit hellen Gitterbrüstungen nach Süden. Die Geschosse wurden hier über die gesamte Breite der Fassade raumhoch verglast, so dass viel Licht in die Wohnräume gelangen kann. Ein Backsteinmantel umfasst die Baukörper an drei Seiten und lässt die Wasserseite und das Dachgeschoss frei. Die Eingangstüren an der Straßenfront setzen sich mit ihrem hellen Rahmen von der Backsteinfassade ab. Mit den auskragenden Betonplatten, ihrer Materialität und den hölzernen Schiebeläden weisen die Baukörper einen eher spielerischen Charakter auf. Die Architekten wollten auf diese Weise nicht zuletzt einen Bezug zum gegenüberliegenden Schulhaus im expressionistischen Stil der Zwanzigerjahre herstellen.

## Alt-Stralau 30–31a

*Architekt*
Klaus Theo Brenner Stadtarchitektur

*Fachplaner*
Topotek 1 (Freiflächenplanung)

*Bauherr*
Baupartner Bauträger GmbH

*Bruttogrundfläche*
2.950 Quadratmeter

*Bruttorauminhalt*
9.000 Kubikmeter

*Fertigstellung*
2001

Straßenperspektive

Wasserperspektive

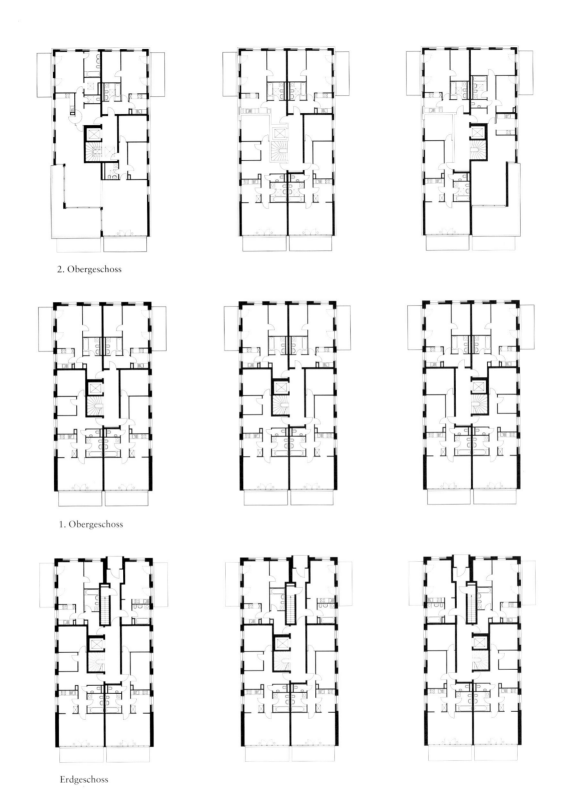

2. Obergeschoss

1. Obergeschoss

Erdgeschoss

Maßstab 1:500

Die 16 Stadthäuser entstanden an einem mit alten Kastanien bewachsenen Park nahe des Rummelsburger Sees. Für die Fassadengestaltung wählten die Planer rote Klinker mit weißen Fugen. Betonfertigteile betonen die Eingangszonen im Erdgeschoss sowie die Terrassenbrüstungen und Stufengiebel. Weiße Holzfenster nehmen die Farbe des Fugenmaterials auf und kontrastieren mit den roten Klinkerflächen. Das Fugenbild betont Fensterstürze, Sockel, Brüstung und Traufdetails. Der kleinere A-Typ und der größere B-Typ unterscheiden sich durch die wechselseitig angeordneten Terrassen im zweiten Obergeschoss sowie durch den Staffelgiebel. Als Kommunikationszentrum beider Haustypen soll die große Wohnküche im Erdgeschoss dienen, die sich zum Garten öffnet. Die Grundrissaufteilung sieht vor, in den unteren beiden Etagen Räumlichkeiten des Familienlebens wie Wohnküche und Kinderzimmer unterzubringen. In den beiden Geschossen darüber befinden sich Wohn-, Schlaf- und Arbeitszimmer. Alle Innenwände sind nicht tragend ausgebildet, so dass die Grundrissgestaltung variabel ist.

## Alice-und-Hella-Hirsch-Ring 40–68

*Architekt*
KSV Krüger Schuberth Vandreike

*Fachplaner*
Stopper Ingenieure (Statik)
Ingenieurbüro C & F (Haustechnik)

*Bruttogrundfläche*
184 Quadratmeter (A-Typ)
207 Quadratmeter (B-Typ)

*Bruttorauminhalt*
753 Kubikmeter (A-Typ)
822 Kubikmeter (B-Typ)

*Fertigstellung*
2005/2006

*Baukosten netto*
A-Typ
Kostengruppe 300: 134.000 Euro
Kostengruppe 400: 20.000 Euro
Kostengruppe 500: 6.000 Euro
B-Typ
Kostengruppe 300: 142.000 Euro
Kostengruppe 400: 22.000 Euro
Kostengruppe 500: 6.000 Euro

Straßenansicht  Gartenansicht  Schnitt

Lageplan

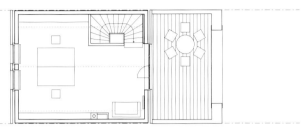

3. Obergeschoss

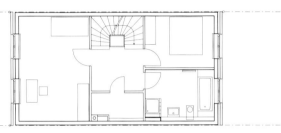

2. Obergeschoss

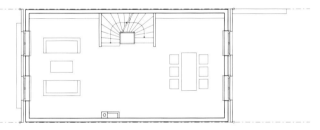

1. Obergeschoss

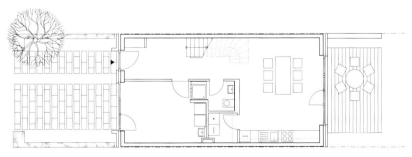

Erdgeschoss

**Maßstab 1:200**

Das klassische Doppelhaus wird in diesem Entwurf als modernes Stadthaus und Villentyp neu interpretiert. Der Baukörper des Hauses stellt einen weißen Kubus mit komponierten Öffnungen dar. Die weiße Außenhaut wurde mit filigranen Linien akzentuiert, die der einfachen Fassade im Detail eine zusätzliche Struktur verleihen und die Öffnungen zueinander in Beziehung setzen. Beide Doppelhaushälften sind im dritten Obergeschoss spiegelbildlich gedreht, so dass die äußeren Treppenaufgänge zur Dachterrasse und die Balkone in diesem Geschoss das Haus in der Dachzone gliedern. Als verbindendes Element erhielt das Haus eine Logetta im ersten Geschoss. Auf vier Ebenen sind Arbeiten, Wohnen und Erholen organisiert. Im Erdgeschoss befinden sich die Büroräume des Bauherrn. Auf den drei Ebenen darüber wohnt die Familie in Räumen, die Loft-Charakter besitzen. Den Abschluss bildet eine geschützte Dachterrasse. Zwei Baufamilien haben sich gefunden, um gemeinsam mit den Planern an der Rummelsburger Bucht ihre Vorstellung vom eigenen Haus zu verwirklichen.

# An der Bucht 61/63

*Architekt*
KSV Krüger Schuberth Vandreike

*Fachplaner*
INGTRA (Statik)
Ingenieurbüro C & F (Haustechnik)

*Bruttogrundfläche (je Haushälfte)*
274 Quadratmeter

*Bruttorauminhalt (je Haushälfte)*
446 Kubikmeter

*Fertigstellung*
2008

*Baukosten netto (je Haushälfte)*
Kostengruppe 300: 193.000 Euro
Kostengruppe 400: 37.000 Euro
Kostengruppe 500: 15.000 Euro

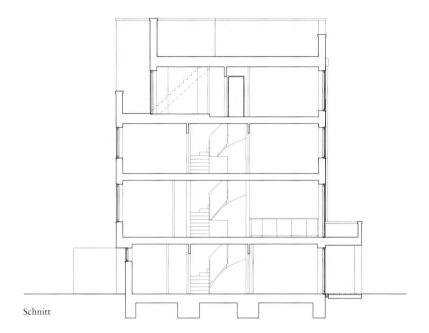

Schnitt

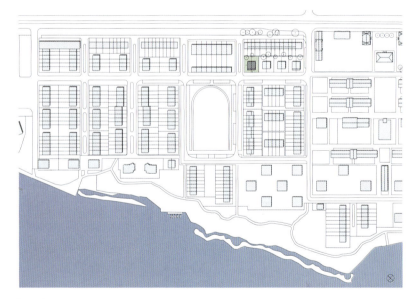

Lageplan

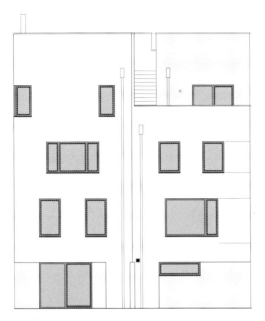

Ansicht Nordost

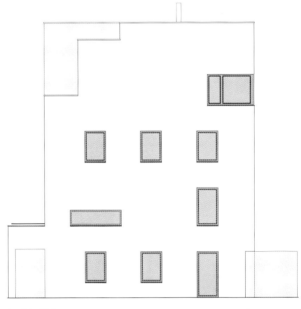

Ansicht Südost

Ansicht Nordwest

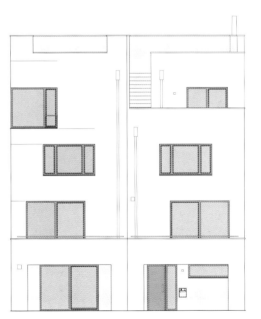

Ansicht Südwest

Maßstab 1:200

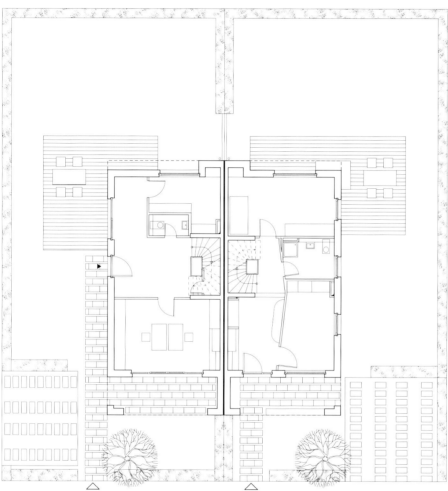

Erdgeschoss

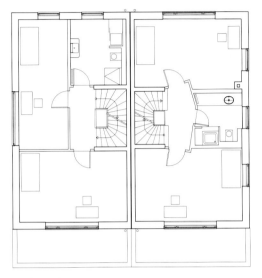

2. Obergeschoss

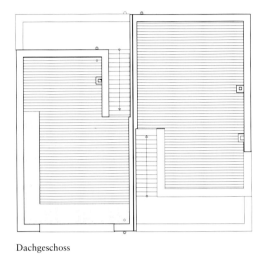

Dachgeschoss

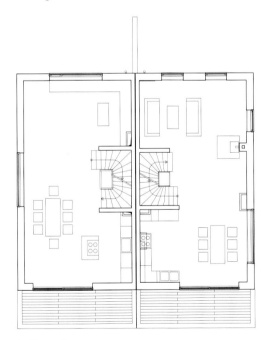

1. Obergeschoss

3. Obergeschoss

Maßstab 1:200

Am Uferweg der Rummelsburger Bucht schufen die Architekten drei- bis viergeschossige Atelierhäuser. Die einzelnen Gebäude sind abwechselnd weiß mit schwarzen oder schwarz mit weißen Fensterprofilen gestaltet, so dass sich ein kontrastierender Farbwechsel ergibt. Die Wohnräume sind durchgehend drei Meter hoch. Im obersten Geschoss befindet sich jeweils ein 3,75 bis 5,50 Meter hoher Atelierraum, darüber erstreckt sich die Dachterrasse. Bei der Planung strebte man eine Verbindung von familienfreundlichem Wohnen und konzentriertem Arbeiten für freischaffende Künstler, Musiker und Grafiker an. Die insgesamt 34 Atelierhäuser an diesem Standort wurden als Baugruppenprojekt realisiert. Dabei entstanden real geteilte Grundstücke und Atelierhäuser ohne Gemeinschaftsflächen. Die Ausbauvariante hängt unmittelbar von der Familiengröße und der gewünschten Ateliernutzung ab. Die Raumaufteilung kann je nach Wunsch offenen Loft-Charakter haben oder mit Einzelräumen erfolgen. Bei allen individuellen Ausbaumöglichkeiten verbinden innenliegende Treppen die einzelnen Geschosse bis hoch zur Dachterrasse.

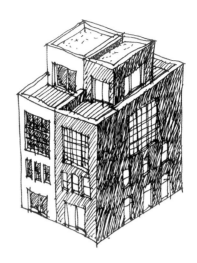

# Krachtstraße und Glasbläserallee

*Architekt*
Beyer-Schubert Architekten

*Fachplaner*
Dr. Andreas Rinke (Statik)
Claus Carnarius (Haustechnik)

*Bruttogrundfläche*
9.700 Quadratmeter

*Bruttorauminhalt*
40.000 Kubikmeter

*Fertigstellung*
2010/2011

*Baukosten netto*
Kostengruppe 300: 6.500.000 Euro
Kostengruppe 400: 1.000.000 Euro
Kostengruppe 500: 500.000 Euro

*Grundstückspreis*
450 Euro/Quadratmeter

Ansichten

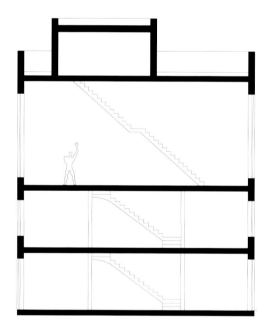

Schnitt

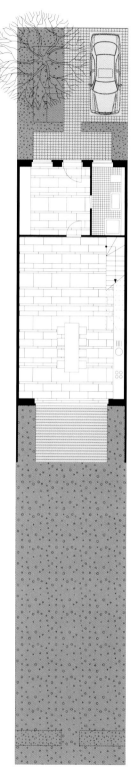

Außenanlage

**Stadthäuser als Reihenhäuser** > Krachtstraße und Glasbläserallee > Beyer-Schubert Architekten

Variante 1

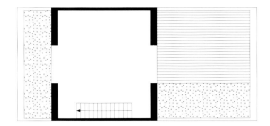

Begehbare Dachfläche

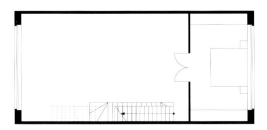

Ateliergeschoss

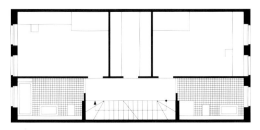

1. Obergeschoss

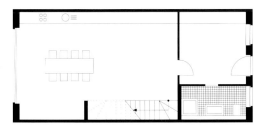

Erdgeschoss

Variante 2

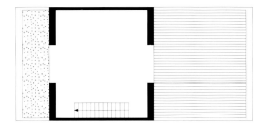

Begehbare Dachfläche

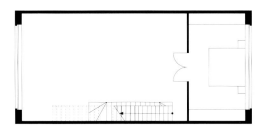

Ateliergeschoss

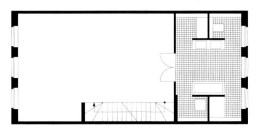

1. Obergeschoss

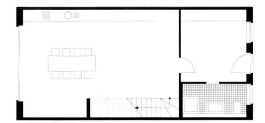

Erdgeschoss

Maßstab 1:200

Die Ziegelfassaden der hier entstandenen Wohngebäude zitieren die einstmals industrielle Nutzung des Standorts: Das innerstädtische Grundstück liegt an der Scharnhorststraße zwischen Spandauer Schifffahrtskanal und Südpanke. In der Nachbarschaft befinden sich der Invalidenfriedhof, die Gebäude des Bundesnachrichtendienstes und der Hauptbahnhof. Auf einem Grundtypus basierend entwickelten die Architekten drei unterschiedliche Stadthäuser, die in Abhängigkeit zur Geschosszahl unterschiedliche Hausgrößen und Qualitäten ermöglichen. Jeweils dreizehn Einzelgebäude fügen sich zu einer Zeile zusammen. Die Gebäude bieten einen fließenden Übergang zwischen dem erhöht liegenden Eingangsbereich mit Küche und Balkon und dem zum Garten ebenerdig liegenden hohen Wohnraum. Als private Freiräume dienen im Erdgeschoss eine Terrasse mit kleinem Garten, zwei Balkone und je nach Haustyp eine Loggia im zweiten Obergeschoss oder Dachterrasse im dritten Obergeschoss. Jedes Gebäude verfügt über eine Garage im Souterrain.

# Am Pankepark 14–53

*Architekt*
PEB⁺ NOTTMEYER HARM RECCIUS Architekten

*Fachplaner*
Pfeifer und Corte (Statik)
Wrohofer (Haustechnik)

*Bauherr*
Chamartín Meermann Immobilien AG

*Wohnfläche*
144/154/192 Quadratmeter

*Bruttorauminhalt*
741/790/192 Kubikmeter

*Fertigstellung*
1. Bauabschnitt 2007
2. Bauabschnitt 2011

Straßenansicht

Gartenansicht

Straßenansicht

Gartenansicht

Haustypen nach Wohnfläche

192   154   144   144   192   154   144   192   192   144   192   154

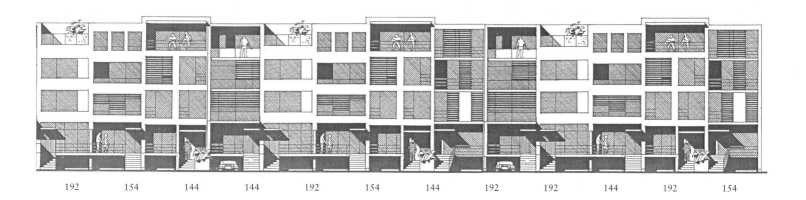

192   154   144   144   192   154   144   192   192   144   192   154

ohne Maßstab

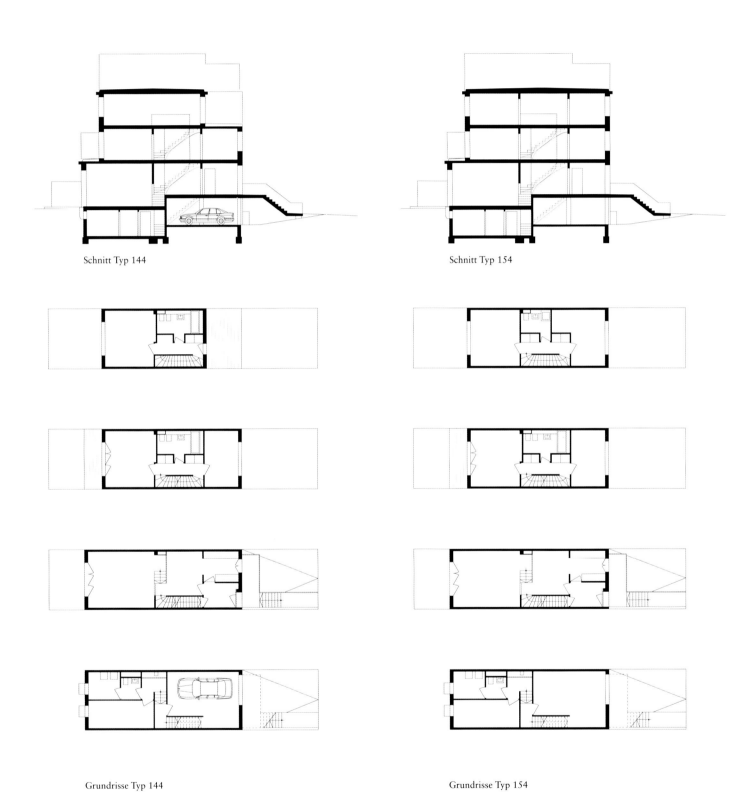

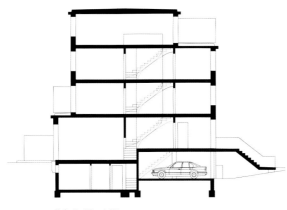

Schnitt Typ 192

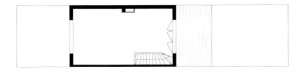

Studio

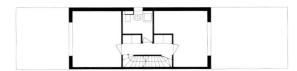

2. Obergeschoss

1. Obergeschoss

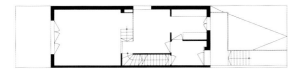

Erdgeschoss

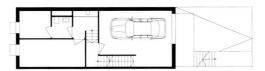

Kellergeschoss

Grundrisse Typ 192

Die aus elf Townhäusern bestehende Zeile formiert sich aus drei verschiedenen Häusertypen mit unterschiedlicher Fassadengestaltung. Sie weist einen Wechsel von hellen Putzfassaden und Ziegelfassaden auf, an denen sich zusätzlich Holzverkleidungselemente befinden. Die Dachgeschossebene einer der Haustypen wurde komplett mit Kupferplatten verkleidet. Die Hauseingänge sind mit einem zweigeschossigen weißen Portalrahmen versehen, wie er an zweien der Häuser auch die oberen beiden Geschossfenster zusammenfasst. Um formaler und farblicher Monotonie vorzubeugen, haben die Planer den Kontrast zwischen hellen und dunklen Fassadenflächen und -elementen in verschiedenen Variationen ausgebildet. Das Erdgeschoss zur Straße ist jeweils erhöht ausgebildet. Der Luftraum verbindet den zum Wasser orientierten Wohnbereich mit dem Galeriegeschoss. Der Bereich Küche und Essen ist über wenige Stufen zu erreichen und verfügt über einen Zugang zum Garten. Oberhalb dieses zusammenhängenden öffentlichen Wohnraumes sind die Individualräume mit den dazugehörigen Funktionsräumen angeordnet.

## Kieler Straße 20–30

*Architekt*
Behzadi + Partner Architekten BDA Generalplanung

*Fachplaner*
Ingenieurbüro Uwe Fankhänel & Jochen Müller (Statik)
Eichhor Glathe Schröder (Haustechnik)

*Bauherr*
Agromex GmbH & Co. KG

*Bruttogrundfläche*
5.355 Quadratmeter

*Bruttorauminhalt*
17.072 Kubikmeter

*Fertigstellung*
2011

*Baukosten netto*
Kostengruppe 300: 6.800.000 Euro
Kostengruppe 400: 1.200.000 Euro
Kostengruppe 500: 700.000 Euro

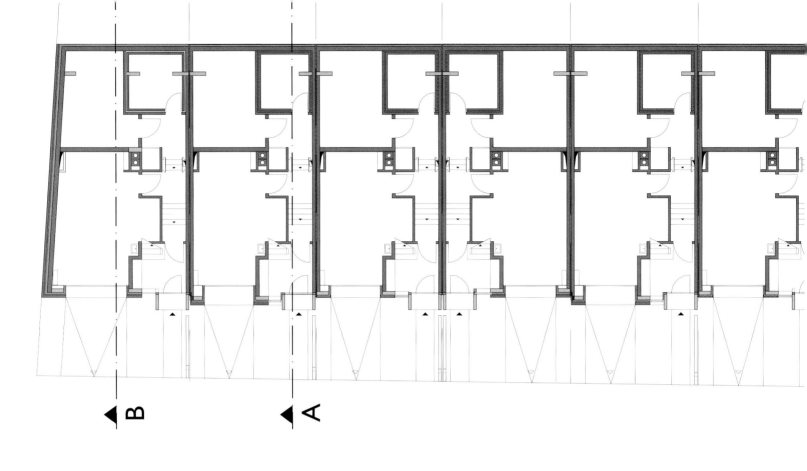

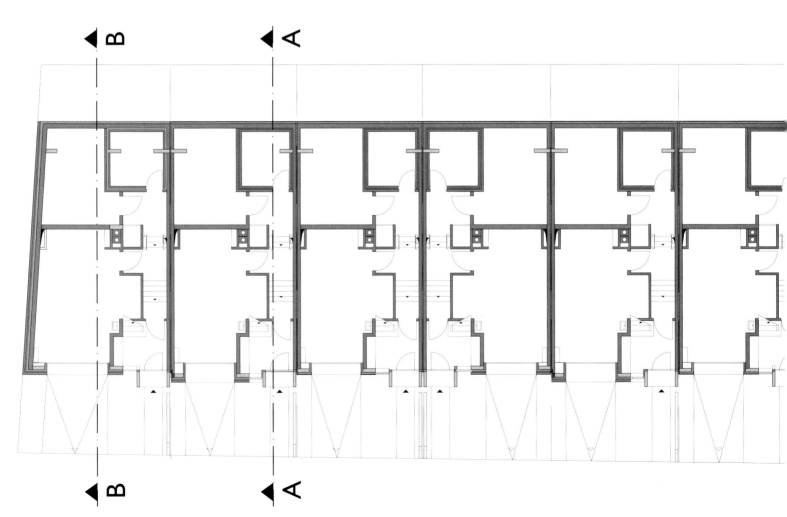

Stadthäuser als Reihenhäuser > Kieler Straße 20–30 > Behzadi + Partner Architekten

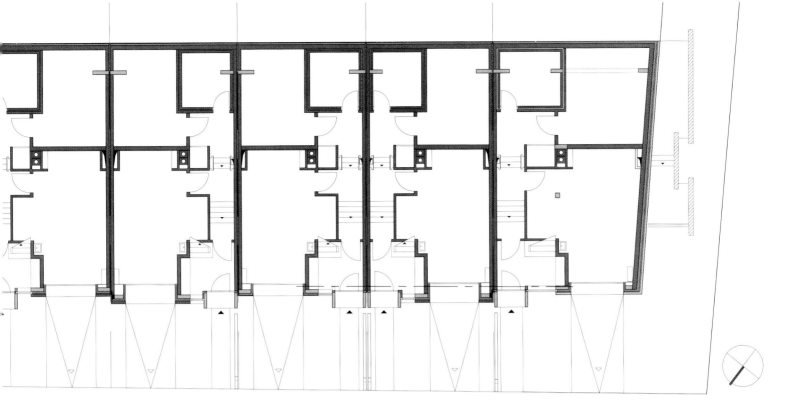

Erdgeschoss

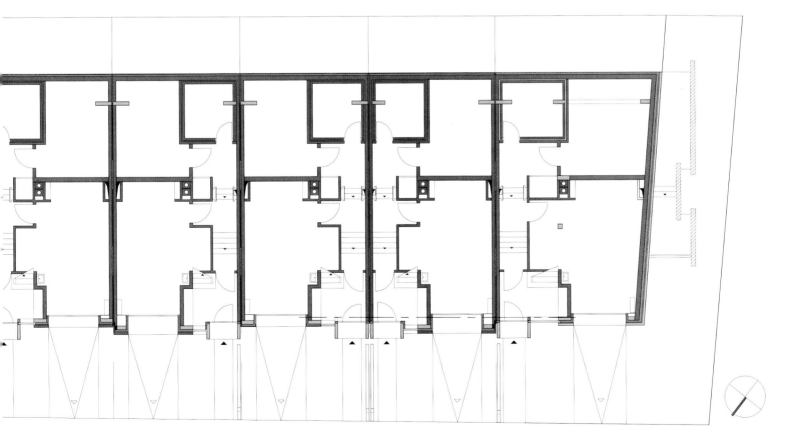

Untergeschoss

Maßstab 1:200

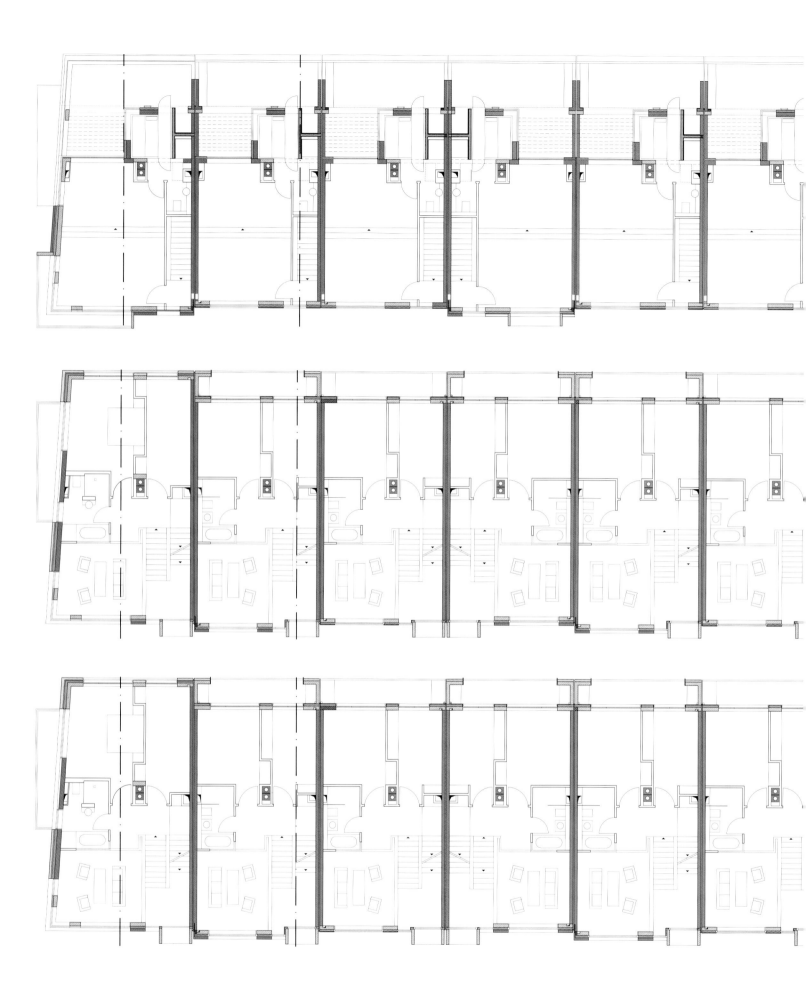

Stadthäuser als Reihenhäuser > Kieler Straße 20–30 > Behzadi + Partner Architekten

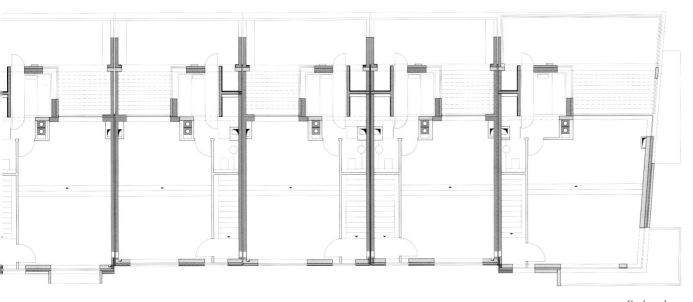

Dachgeschoss

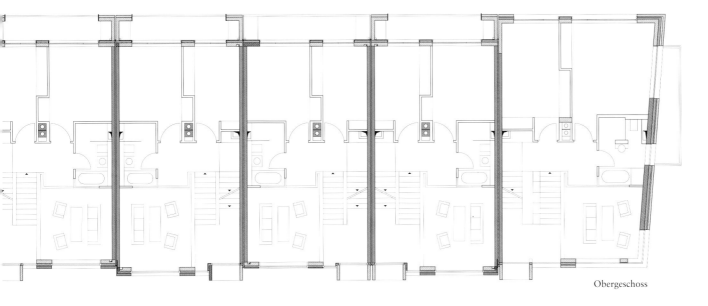

Obergeschoss

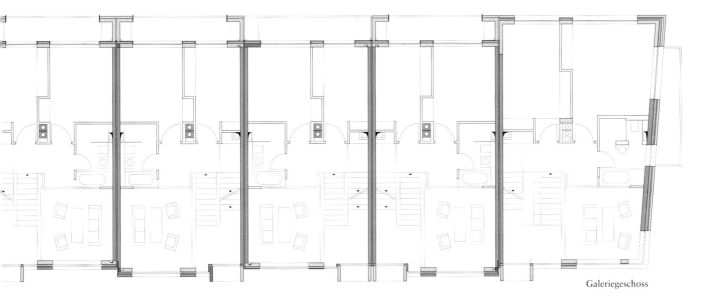

Galeriegeschoss

Maßstab 1:200

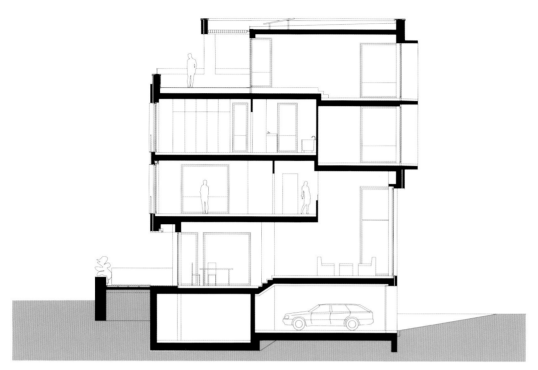

Schnitt Haus 20

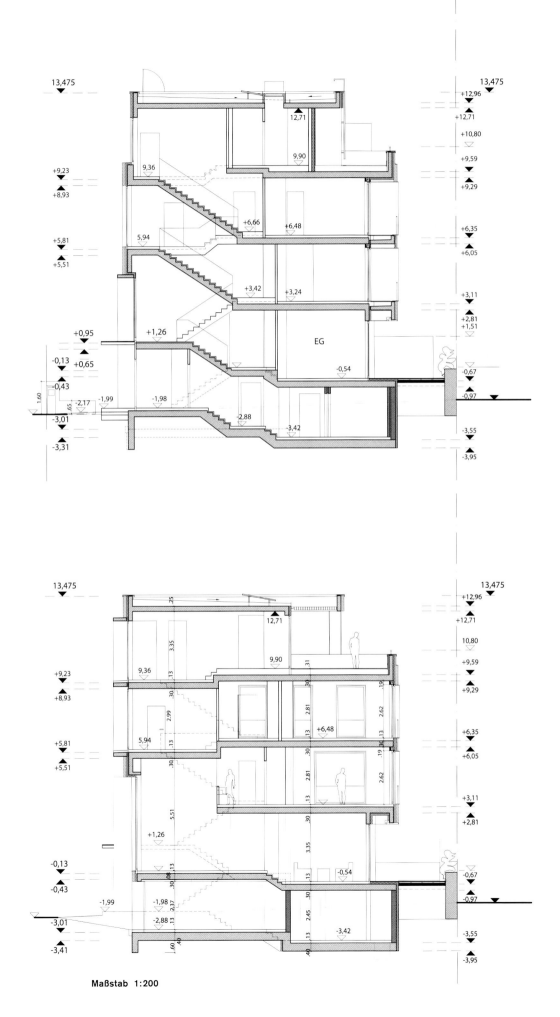

Maßstab 1:200

# Mehrfamilienhäuser in Baulücken

**01** Auguststraße 50b
**02** Auguststraße 51
**03** Gipsstraße 5
**04** Mulackstraße 8
**05** Linienstraße 40
**06** Linienstraße 204
**07** Choriner Straße 79
**08** Anklamer Straße 52
**09** Mahlerstraße 40

## Mehrfamilienhäuser in Baulücken

Das Dilemma beginnt damit, für den in Berlin massenhaft vorhandenen Typ des mehrgeschossigen Wohnhauses auf eigener, in unserem Fall abgeräumter Parzelle, also in einer »Baulücke«, den richtigen Begriff zu wählen. Das Problem liegt dabei nicht in dem Wort bzw. in dem Tatbestand der Baulücke. Sie zu füllen, ist planerisch einfach. Baulücken sind den gesetzlichen Bestimmungen nach sofort bebaubar, da die Grundstücke erschlossen sind und der nachbarschaftliche Kontext das Maß der Bebauung bestimmt. Der Architekt muss sein Gebäude nur einfügen.

»Einfügen«, das hört sich einfach an, galt aber bis in die Achtzigerjahre hinein als Zumutung. Denn bei dem vorhandenen Bestand handelte es sich um einen Kontext, der ebenso undifferenziert wie abschätzig mit dem Wort »Mietskaserne« beschrieben wurde. Es sind genau die Gebäude, die heute mit allen ihren Abstufungen von Prenzlauer Berg über die Spandauer Vorstadt bis ins bürgerliche Charlottenburg zu den gesuchtesten Wohnhäusern zählen. Ihnen allen gemeinsam ist das drei- bis fünfgeschossige Wohnhaus im Kontext eines Blockes. Die Abmessungen der Blöcke gehen außerhalb der Vorstädte auf den legendären »Canalisationsplan« des Baurates James Hobrecht von 1862 zurück. Erst durch ihn wurde es möglich, die gesamte Stadt ohne hygienische Katastrophen dicht zu bebauen. Dabei definierte der Plan lediglich die Fluchtlinien der Straßen und Plätze, nicht aber das Maß für den Grad der Ausnutzung der Blockinnenflächen. Im Zusammenwirken mit der Bauordnung von 1853, die eine starke Grundstücksausnutzung erlaubte, bildete der Hobrecht-Plan so die Grundlage für die Entstehung des »Berliner Mietshauses« außerhalb der Vorstädte. Er hatte von Anfang an bis in die Siebzigerjahre des 20. Jahrhunderts unter pauschalen Vorurteilen zu leiden. Schon 1877 hieß es in dem vom Architekten- und Ingenieurverein zu Berlin (AIV) herausgegebenen Buch »Berlin und seine Bauten«:

»In dem gut gemeinten Streben, die Uebelstände desselben zu bessern, hat man diese nicht selten in ganz einseitiger und übertriebener Weise hervorgehoben und die ›Schrecken‹ der ›himmelhohen Miethskasernen‹, in denen ›zusammengepferchte‹ und ›übereinander geschichtete Menschenheerden‹ hausen, wie nicht minder die ›trostlose Langweiligkeit‹ ihrer Erscheinung zu effektvollen Schilderung verwerthet, nach denen anscheinend nirgends unzweckmässigere, unbehaglichere, unsolidere und hässlichere Wohnhäuser vorhanden sein können, als in Berlin.

Demgegenüber darf erklärt werden, dass das Berliner Miethshaus im Allgemeinen besser ist als sein Ruf. Die an sich gewiss nicht erfreuliche Tatsache, dass dasselbe in nahezu ausschliesslicher Weise dominirt und dass seine Ertragfähigkeit bis zu hohen Grenzen in Anspruch genommen wird, ist das Ergebniss sozialer Verhältnisse, die sich so leicht und durch äusserliche Mittel nicht beseitigen lassen. Eine sachgemässe Beurtheilung muss von diesen Voraussetzungen ausgehen und darf das Miethhaus einer einzelnen Stadt nicht an dem Ideale des von einer einzigen Familie bewohnten Privathauses, (...) messen (...). Von einem solchen Gesichtspunkt aus betrachtet, darf das Berliner Miethhaus sogar einen ziemlich hohen Rang in Anspruch nehmen (...).«[1] Der schlechte Ruf der Mietshäuser mit engen Höfen als Ausdruck privater Bodenspekulation war also schon zur Entstehungszeit nur teilweise berechtigt und ist vor allem auch auf die enge Belegung der kleinen Wohnungen zurückzuführen.[2]

Die verschiedenen Bewegungen für Alternativen zum Berliner Mietshaus, etwa die Gartenstadt und später der Siedlungsbau der Moderne, beziehen sich pauschal auf die vor allem in den Arbeiterbezirken vorherrschende hohe Dichte, die engen dunklen Höfe, die Überbelegung, die hohen Mieten etc. Übersehen oder vielmehr verdrängt wurden dabei fast ein Jahrhundert lang nicht nur die grundsätzlichen Qualitäten der Mietshäuser des späten 19. Jahrhunderts, sondern auch die Erfahrungen des reformierten Mietshauses des frühen 20. Jahrhunderts, wie sie von bekannten Architekten nicht nur in Berlin, sondern in fast allen deutschen Großstädten errichtet wurden. Zu den Architekten des reformierten Mietshaustyps mit großzügigen Wohnungen, einem begrünten Hof, über den die rückwärtigen Wohnungen erschlossen wurden, zählen unter anderem Albert Gessner, Paul Mebes, August Endell, Heinrich Straumer, Hermann Muthesius (alle Berlin); Hans Poelzig (Breslau), Conrad Helbig (Breslau), Alfred Messel, Martin Dülfer (Dresden).[3]

Nicht nur in der Architektur wurde das Wissen um die vielfach mustergültigen architektonischen Lösungen für das Wohnen in der Großstadt verdrängt. Ebenso erging es dem mit dem Typ des Mietshauses verbundenen Städtebau, der sogenannten Mietskasernenstadt. Die Stadt und das Wohnen und Arbeiten in der Stadt wurden deshalb nach den Kriegszerstörungen in der verhassten Mietskasernenstadt neu erfunden. Das Ziel war eine durchgrünte Stadtlandschaft. Dafür wurden Bauten, die den Krieg überstanden hatten, unter dem Schlagwort Sanierung unabhängig von ihrer Qualität abgerissen. Es galt, Platz zu schaffen für Ost-West-gerichtete Zeilenbauten, für Punkthochhäuser und schließlich für die großen Muster der Wohnmaschinen.

Die Wiederentdeckung der Wohnqualitäten der vom Abriss bedrohten vorhandenen Bauten durch »Hausbesetzer« war eine der großen kulturellen Leistungen der späten Sechzigerjahre. Dieser sozialen Bewegung folgte vor allem im Westen der Stadt die behutsame, das heißt die erhaltende Stadterneuerung, wie sie exemplarisch von der Altbau-IBA betrieben wurde.[4]

Etwa zehn Jahre später hatte diese Vorgehensweise auch die Politik und Planung im Osten der Stadt erreicht. Das

Stichwort hieß hier »komplexe Rekonstruktion«, wie sie zum Beispiel in Prenzlauer Berg begonnen wurde und sich zuletzt bis in die Spandauer Vorstadt fortsetzte.[5]

Der IBA-Prozess der Erhaltung wurde von Baulückenschließungen mit Neubauten im öffentlich geförderten Wohnungsbau begleitet. Im Grunde interpretierte die den Wohnungsneubauten zugrunde liegende städtebauliche Idee der »Kritischen Rekonstruktion« das gesamte IBA-Areal als eine Ansammlung von kleinen und großen Baulücken. Die dabei entstandenen Miethäuser beeindrucken vor allem durch die Vielfalt ihrer Fassaden. Nationale und internationale Architekten von Abraham und Baller über Eisenman bis Rossi und Siza zeichneten für die Gestaltung verantwortlich.

Dieses Fassadentrainingsprogramm für Architekten bewies allerdings nur, dass die von der Wohnungsbaukreditanstalt (WBK) geförderten Standardgrundrisse sich auch für eine Bebauung im Blockrand eigneten. Eine Ausnahme blieben dagegen Versuche, neue Grundrisse für Wohngemeinschaften und Selbsthilfeprojekte zu entwickeln, wie etwa das sogenannte »Wohnregal«. Das, was die Fassaden prominenter Architekten der IBA an Individualität und Vielfalt der Wohnungstypen, der Bauherrenschaft und der Finanzierung nur als Möglichkeit andeuteten, begann erst nach dem Auslaufen der öffentlichen Förderung ab Mitte der Neunzigerjahre Wirklichkeit zu werden.

Seit dieser Zeit tauchen in den innerstädtischen Straßen des ehemaligen Ost-Berlins eine große Zahl individuell entworfener Fassaden von privaten Einzelbauherren, von Baugruppen und Baugesellschaften auf. Die Grundlage für diese Wohnhäuser bildet neben der Restitution der Grundstücke der Status dieser Gebiete als Sanierungsgebiete bzw. als Gebiete, für die der städtebauliche Denkmalschutz gilt.[6]

Schaut man hinter die oft um Aufmerksamkeit buhlenden Fassaden, stößt man auf eine Vielzahl unterschiedlicher Wohnungsgrößen und -grundrisse, oft als späte Le Corbusier-Zitate über zwei Etagen reichend und mit architektonischen Ausbaustandards, die etwas von der tatsächlichen Individualität der Bauherren und Bewohner erzählen.

Mit diesen Mehrfamilienhäusern wird eine Brücke zu den Anfängen der Berliner Mietshausbauten geschlagen, wie sie auf der Grundlage des Hobrecht-Plans entstanden sind. In einigen Fällen wurde die Tradition des reformierten Miethauses aufgenommen und neu interpretiert. Dies gilt zum Beispiel für das Projekt von Modersohn & Freiesleben. An solchen Wohnhäusern zeigt sich die Richtigkeit der These von Arno Lederer, dass Architektur nicht dem Fortschritt unterliege.[7]

Wie eine Weiterentwicklung des Miethauses möglich ist, belegen die zahlreichen neuen Projekte von Baugruppen. Die Architekten verändern für diese Gruppen privater Bauherren die bisher üblichen, über sämtliche Geschosse gestapelten Wohnungsgrundrisse durch etagenweise individuell angepasste Grundrisse, Größen und Ausbaustandards. Baugruppen machen zudem aus Mietshäusern Wohnhäuser einer Eigentümergruppe. Was bleibt, ist das Wohnhaus mit fünf bis sechs Etagen im vorgegebenen Kontext der gründerzeitlichen Stadt. Dabei spielt die Architektur der Fassaden lediglich die Rolle, die Fassaden von Wohnhäusern in geschlossenen Stadträumen einnehmen. Sie sind Teile des öffentlichen Ganzen und gleichzeitig Ausdruck des Individuellen. Damit leistet jedes Haus in einer Baulücke auch einen Beitrag zur Renaissance der europäischen Stadt am Beginn des 21. Jahrhunderts.

**1** Architekten-Verein zu Berlin (Hg.), Berlin und seine Bauten, Zwei Theile, Berlin 1877, S. 440

**2** Siehe dazu: Ludovica Scarpa, Berlin und seine ersten Bauherren, in: Senatsverwaltung für Bau- und Wohnungswesen (Hg.), Stadt Haus Wohnung, Wohnungsbau der 90er Jahre in Berlin, Berlin 1995, S. 51

**3** Siehe dazu: Albert Gessner, Das Deutsche Miethaus – Ein Beitrag zur Städtekultur der Gegenwart, München 1909

**4** Siehe dazu: Senator für Bau- und Wohnungswesen (Hg.), Idee Prozeß Ergebnis, Die Reparatur und Rekonstruktion der Stadt, Berlin 1984, S. 61–187, darin besonders: Harald Bodenschatz/Hans Claussen, Zum Teufel mit der Mietskasernenstadt, S. 61–69

**5** Siehe dazu: Hans Stimmann, Stadterneuerung in Ost-Berlin. Vom »sozialistischen Neuaufbau« zur »komplexen Rekonstruktion«, in: Bauausstellung Berlin GmbH (Hg.), Berlin 1985

**6** Siehe dazu: Maria Berning/Gudrun Matthes, Stadterneuerung in Berlin, in: Landesdenkmalamt Berlin (Hg.), Berlin im Wandel. 20 Jahre Denkmalpflege nach dem Mauerfall, Berlin 2010, S. 533–537

**7** Arno Lederer, Heimat Bauen, in: Stadt Ulm (Hg.), heimat bauen, Ulm 2009, S. 13

Nächste Seite:
Stadtpark am Gipsdreieck
in der Spandauer Vorstadt

Mehrfamilienhäuser in Baulücken

Auf dem Grundstück wurden zwei Stadthäuser verschiedenen Typs entwickelt, die durch eine Tiefgarage miteinander verbunden sind. Die helle Steinfassade des Vorderhauses wurde als vorgehängte Kalksteinfassade errichtet. Mit den vom Steinmetz gearbeiteten, großformatigen räumlichen Steinen und den tiefen Laibungen der innraumbündigen Stahlfenster ist die Wirkung sehr plastisch. Die ornamental wirkenden Fenster- und Terrassenbrüstungen wurden aus Glasfaserbeton angefertigt und dem Farbton des Kalksteins angepasst. Das Gebäude besitzt vier Vollgeschosse und ein Staffelgeschoss. Pro Geschoss ist eine Wohnung untergebracht. Das Raumprogramm wurde an die Kubatur des Hauses angepasst, so dass sich ein etagenweiser Seitenwechsel der Wohnungserschließung ergibt. Die im Prinzip gleichen Grundrisse spiegeln sich von Etage zu Etage. Das Gartenhaus im Blockinneren wurde über die drei Obergeschosse als Wohnhaus geplant. Im Erdgeschoss befindet sich eine Gewerbefläche, die der Wohnung zugeordnet ist. Das Haus staffelt sich nach oben hin turmartig zurück, so dass umlaufend in jedem Geschoss Terrassen entstehen.

# Auguststraße 50b

*Architekt*
Baumeister und Dietzsch Architekten

*Fachplaner*
Frankenstein Consult (Statik)
Stiehm Ingenieurplanung (Haustechnik)

*Bauherr*
Auguststr. 50b Grundstücksverwaltungs GmbH & Co. KG

*Bruttogrundfläche*
1.976 Quadratmeter

*Grundstücksgröße*
833 Quadratmeter

*Fertigstellung*
2007

*Baukosten netto*
Kostengruppe 300: 2.143.000 Euro
Kostengruppe 400: 475.900 Euro
Kostengruppe 500: 100.000 Euro

Erdgeschoss                    1. Obergeschoss                    2. Obergeschoss

Mehrfamilienhäuser in Baulücken > Auguststraße 50b > Baumeister und Dietzsch Architekten

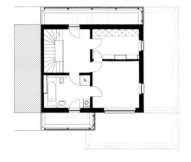
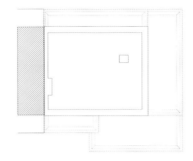

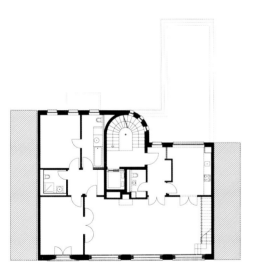
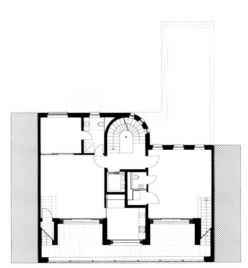
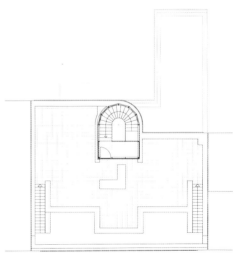

3. Obergeschoss

4. Obergeschoss

5. Obergeschoss, Dachterrasse

Maßstab 1:333

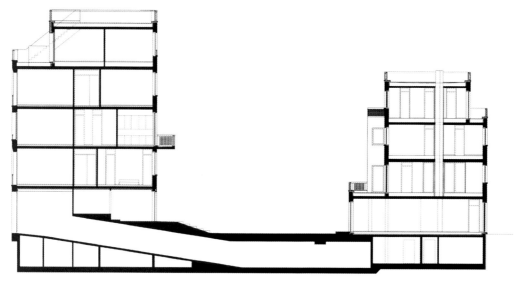

Schnitt

Ansicht Vorderhaus

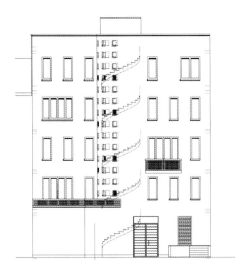

Ansicht Vorderhaus Rückfassade

Gartenhaus Süd/Ost/Nord

Maßstab 1:333

Eine Fassade, die fast gänzlich aus Glasflächen besteht, haben die Architekten Grüntuch Ernst in der Auguststraße geschaffen. Gleichwohl wird hier auf den ersten Blick die Wohnfunktion sichtbar: Loggien und Dachgärten des sechsgeschossigen Gebäudes öffnen sich zur Straße. Der Zuschnitt der Wohnungen, über mehrere Etagen zu erkennbaren Einheiten gruppiert, ist an der Hausfront ablesbar. Die straßenseitige Fassade besitzt neben ihren großflächigen Glas-Alu-Fenstern Elemente aus Naturstein. Zur Gartenseite hin wurde eine weiße Putzfassade errichtet, in die zwei symmetrisch angeordnete vertikale Fensterbänder integriert wurden. Die Gebäudeanlage besteht aus Vorder- und Gartenhaus. Als Bauherr formierte sich eine Baugruppe mit sieben Eigentümerparteien. Besonders die erdgeschossnahen Bereiche des als Mehrgenerationenhauses geplanten Gebäudes dienen unterschiedlichen Zwecken. Geschäfte, Ateliers und Wohnungen – etwa für seniorengerechtes Wohnen – sind hier möglich.

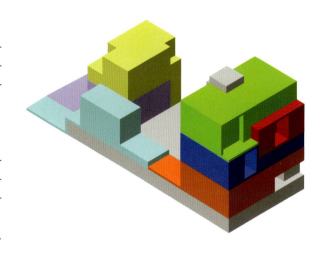

# Auguststraße 51

*Architekt*
Grüntuch Ernst Architekten

*Fachplaner*
Ridder und Meyn (Haustechnik)
GTB-Berlin (Statik)
Topotek 1 (Freiraumplanung)

*Bruttogrundfläche*
2.730 Quadratmeter (inklusive Tiefgarage)

*Bruttorauminhalt*
6.650 Kubikmeter

*Fertigstellung*
2008

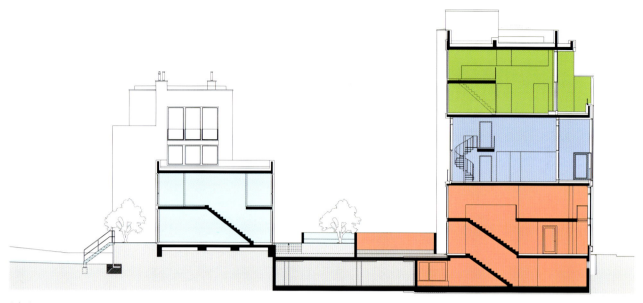

Schnitt

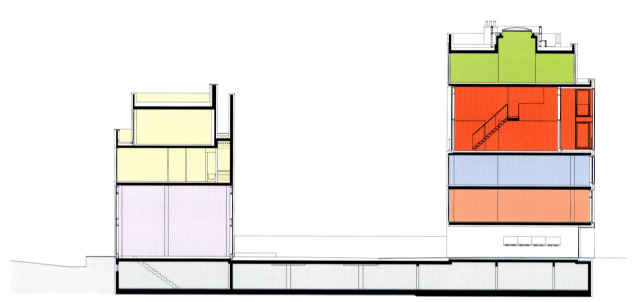

Schnitt

172  Mehrfamilienhäuser in Baulücken > Auguststraße 51 > Grüntuch Ernst Architekten

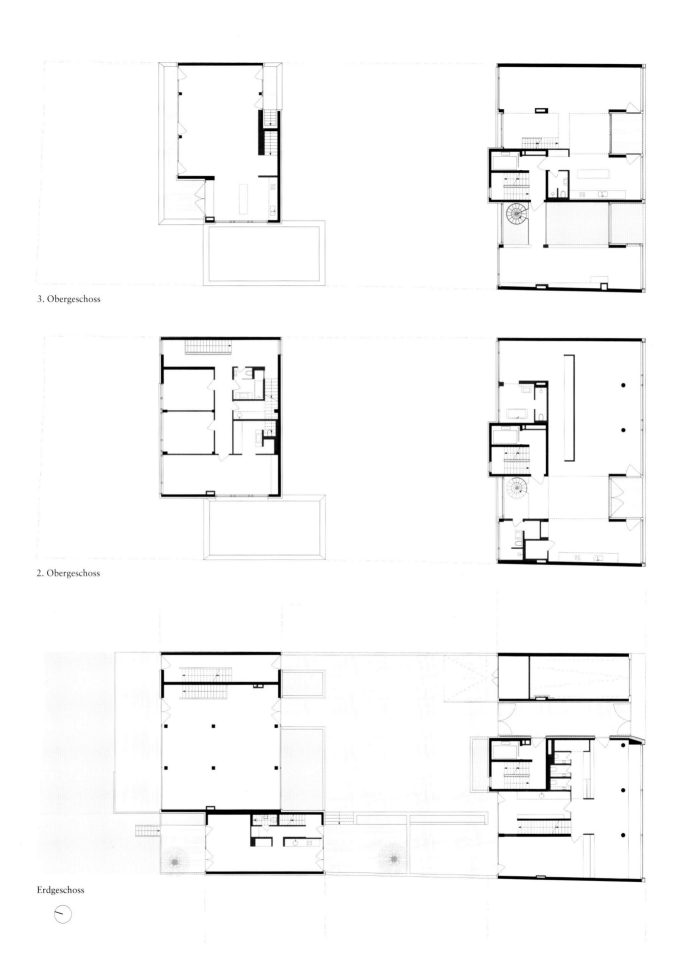

3. Obergeschoss

2. Obergeschoss

Erdgeschoss

Maßstab 1:333

Das Gebäude schließt eine Baulücke am parkartig gestalteten Gipsplatz in der Spandauer Vorstadt. Hauseingang und Tiefgaragenzufahrt bilden ein gemeinsames, mit einem Gittertor abschließbares Entree. Seitlich sind Schaufenster und Eingänge der Läden angeordnet, welche einen begrünten Hof umfassen. Die drei großen Öffnungen werden durch einen minimal profilierten, flächig in Erscheinung tretenden Sockel mit schmaler Natursteinbasis gefasst. Ein Mittelrisalit, der bis zum Traufgesims reicht, erstreckt sich entlang der rauer verputzten Wohngeschossen mit ihren paarweise angeordneten Fenstern. Darüber befinden sich, leicht zurückgesetzt mit serieller Fensteranordnung, die Maisonette-Geschosse, unter dem Dach durch vier konventionelle Gauben belichtet. In der Eingangshalle wurden edle Natursteine kombiniert: Ein »Teppich« aus Tauerngrün wird von von poliertem Nero Assoluto gefasst, der sich im Treppenhaus fortsetzt. Ein gemaserter weißer Marmor wurde für Sockel und Aufzugskern verwendet. Die Aufzugsauskleidung und einer Briefkastenanlage mit integriertem, bis zur Decke reichenden Spiegel sind aus dunkel gebeizter Eiche.

# Gipsstraße 5

*Architekt*
Prof. Hans Kollhoff Architekten

*Bauherr*
GbR Gipsstr. 5

*Bruttogrundfläche*
2.096 Quadratmeter

*Fertigstellung*
2000

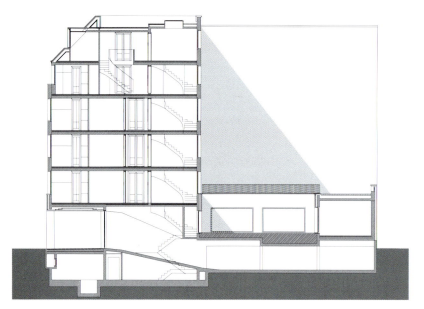

Schnitt

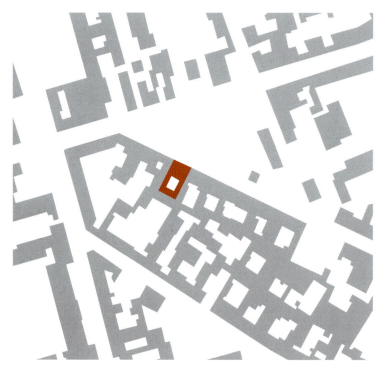

Lageplan

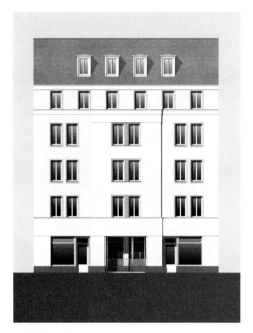
Straßenfassade

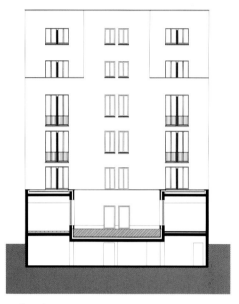
Hoffassade

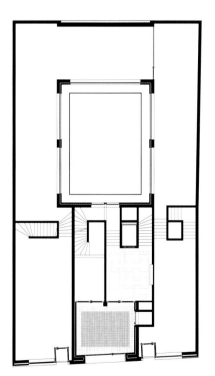
Erdgeschoss

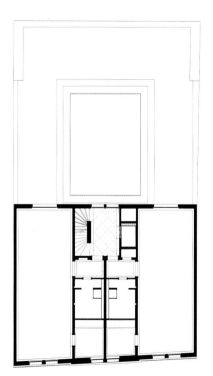
3. Obergeschoss

Maßstab 1:333

Die Architekten übernahmen die Aufgabe, ein im Zweiten Weltkrieg zerstörtes Vorderhaus wiederherzustellen. Lediglich der Seitenflügel des typischen Berliner Wohnhauses aus der Zeit um 1900 war in wesentlichen Teilen erhalten geblieben. Da sich in westlicher Nachbarschaft eine unbebaubare Grünfläche befindet, konnte man eine Eckbebauung mit großzügigen Öffnungen zur Straße und zur Freifläche errichten. Das Haus beherbergt 15 Neubau- und zehn Altbauappartements. Der Neubau umfasst vier Vollgeschosse und zwei Staffelgeschosse. Von Theater- und Pavillonbauten der 1920er Jahre inspiriert, wurde die Neubaufront zur Grünfläche hin mit gerundeten Ecken versehen. Die hinterlüftete Fassade ist mit Naturstein verkleidet, während für den rückwärtigen Altbau die historische Oberfläche einer Putzfassade beibehalten wurde. Geradlinige Brüstungsgitter setzen sich von den hellen Kalksteinelementen der Geschossverkleidung und des grauen Kalksteins der Gesimsbänder ab. Die Anordnung der unterschiedlich bearbeiteten Steinoberflächen an der Fassade betont die architektonische Grundstruktur.

## Mulackstraße 8

*Architekt*
Sergei Tchoban, nps tchoban voss

*Fachplaner*
GTB Berlin (Statik)
Wrohofer GmbH (Haustechnik)
Kampmann+Partner (Außenanlagen)

*Bauherr*
Regional Immobilien AG

*Bruttogrundfläche*
1.982 Quadratmeter

*Bruttorauminhalt*
9688 Kubikmeter

*Fertigstellung*
2006

*Baukosten netto*
Kostengruppe 300: 1.700.000 Euro
Kostengruppe 400: 300.000 Euro
Kostengruppe 500: 50.000 Euro

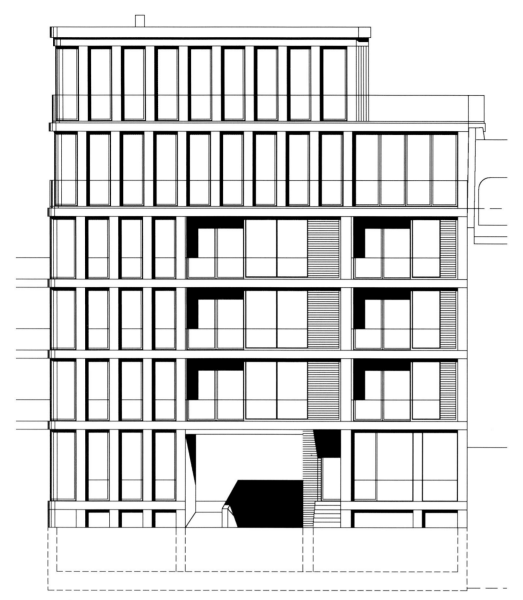

Ansicht

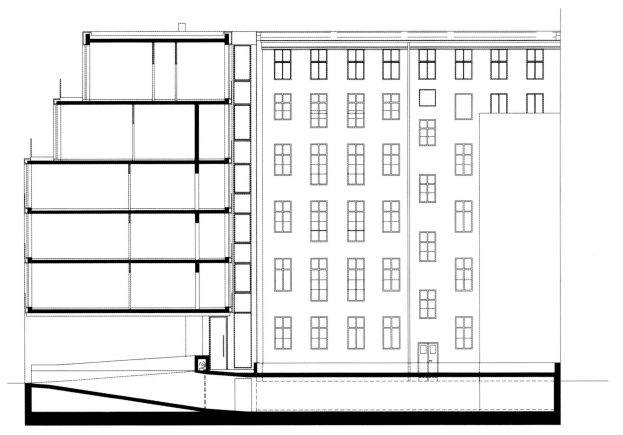

Schnitt

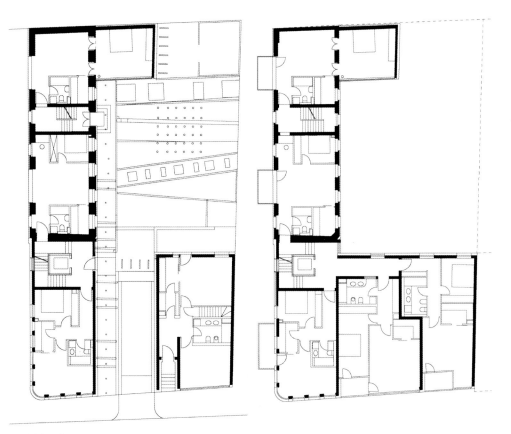

Erdgeschoss

2. Obergeschoss

Maßstab 1:333 / 1:200

Mit einem Baukörper, der statisch und dynamisch zugleich erscheint, sucht dieses Gebäude städtisches Leben in Architektur zu übersetzen. Hervorstechendes Merkmal des sechsgeschossigen Baus sind die weiten Auskragungen, die ihm eine skulpturale Anmutung verleihen. So werden hier Räume definiert, indem Teile aus einem Block »herausgeschnitten« werden. Diese Konzeption eines monolithischen Körpers schloss für die Planer aus, sichtbare Stützen oder Fertigteile als Fassadenverkleidung zu verwenden. Während die schwarz eingefärbte Sichtbetonfassade einen hohen Anteil an geschlossenen Flächen aufweist, finden sich im Inneren des Hauses helle, räumlich komplexe Raumfluchten. In den verglasten Zwischenräumen der auskragenden Bauteile wird der Nutzer zum sichtbaren Teilnehmer am städtischen Geschehen, während in den inneren Bereichen des Monoliths Distanz und Zurückgezogenheit möglich sind. Es wurden insgesamt zwölf Eigentumswohnungen errichtet, in denen kein Grundriss dem anderen gleicht. Die kleinste Wohneinheit misst 67 Quadratmeter; darüber hinaus gibt es Wohnungen mit Flächen von über 300 Quadratmetern.

## Linienstraße 40

*Architekt*
Roger Bundschuh, Bundschuh Architekten

*Fachplaner*
Ifb Frohloff Staffa Kühl Ecker (Statik)
Müller BBM (Bauphysik)

*Bauherr*
Immobiliengesellschaft ALBION mbH

*Bruttogrundfläche*
2.884 Quadratmeter

*Bruttorauminhalt*
10.566 Kubikmeter

*Fertigstellung*
2010

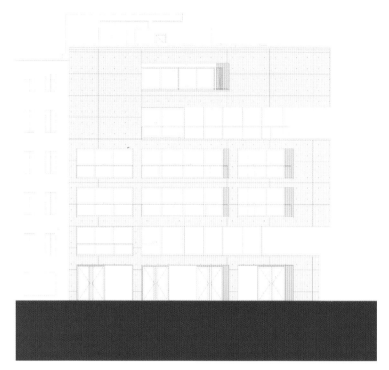

Ansicht Linienstraße

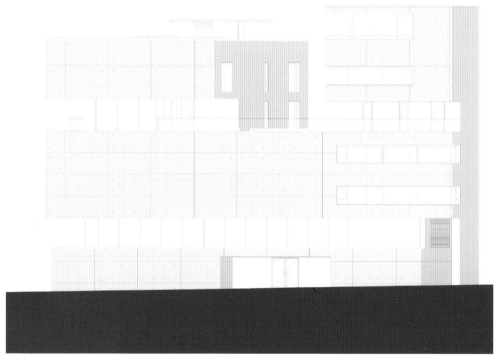

Ansicht Rosa-Luxemburg-Straße

Visualisierungen

Maßstab 1:333

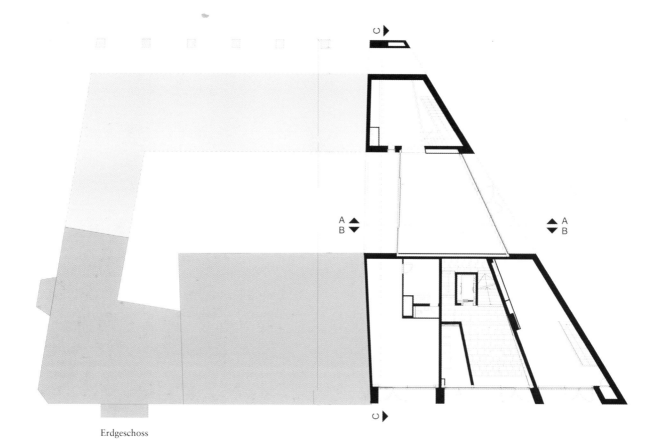
Erdgeschoss

Untergeschoss

Mehrfamilienhäuser in Baulücken > Linienstraße 40 > Roger Bundschuh, Bundschuh Architekten

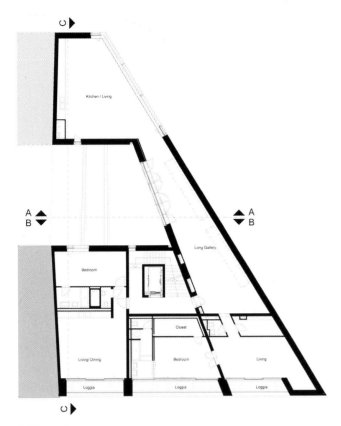

3. Obergeschoss

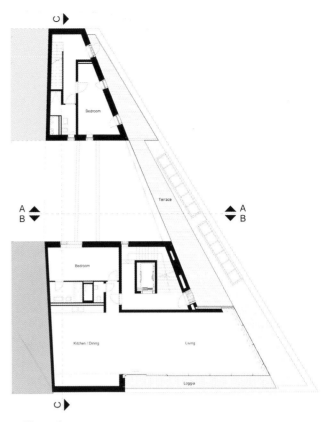

4. Obergeschoss

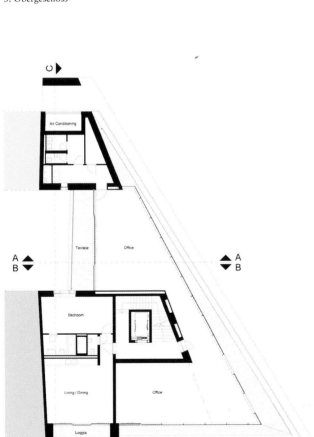

1. Obergeschoss

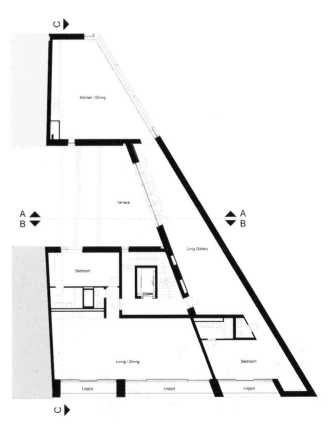

2. Obergeschoss

Maßstab 1:333

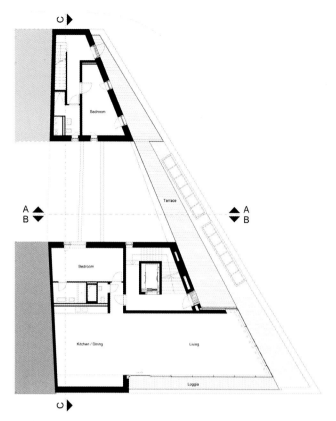

4. Obergeschoss

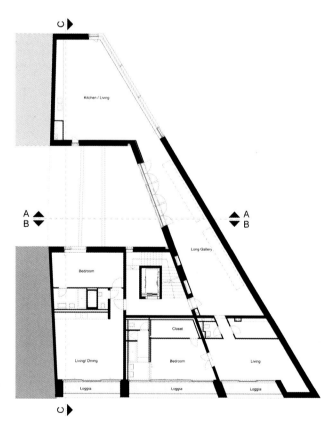

3. Obergeschoss

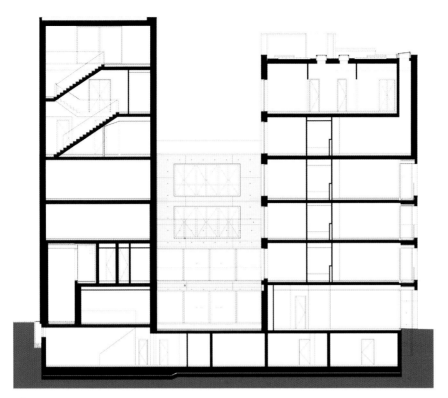

Schnitt C–C

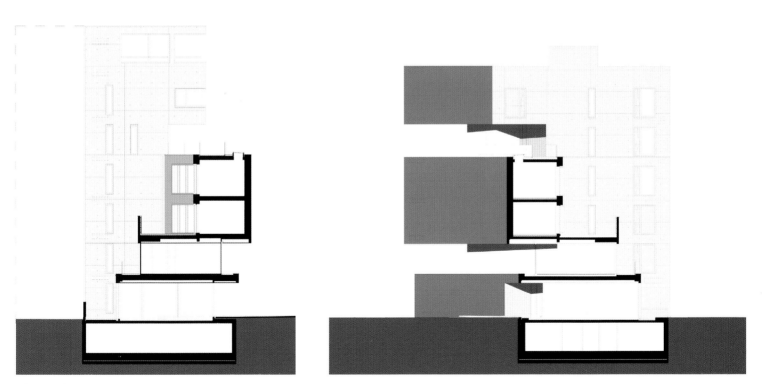

Schnitt A–A

Schnitt B–B

Maßstab 1:333

Das Gebäude schließt die Lücke zwischen einem Hotelneubau und einem gründerzeitlichen Wohnhaus in der Spandauer Vorstadt. Der Neubau besitzt eine unregelmäßige Lochfassade, deren auffälligstes Merkmal die breiten Fensterfaschen mit floralen Ornamenten sind. Sie nehmen die Gestaltungsmerkmale der Altbebauung auf, um sie in eine zeitgemäße Form zu übersetzen. Da die Bauherren eine möglichst hohe Flächenausnutzung bei großen Raumhöhen wünschten, wurden im Gebäude sowohl Maisonettewohnungen als auch Split-Level-Wohnungen eingerichtet, welche halbgeschossig versetzte Wohnbereiche umfassen. So entstanden fünf unterschiedlich große Wohnungen, die sich über mehrere Geschosse erstrecken. Durch das Ineinandergreifen der Wohnungen bilden sich Absenkungen und Überhöhungen der Decken, die die Wohnungen zonieren. In Bereichen mit großzügigen Geschosshöhen wurden die offenen Wohn- und Küchenbereiche angeordnet. Die Bäder, Individual- und Nebenräume haben in den niedrigeren Zwischengeschossen Platz gefunden. Im Erdgeschoss befinden sich zwei Läden.

# Linienstraße 204

*Architekt*
Bollinger + Fehlig Architekten

*Fachplaner*
IB Jockwer (Statik)
IB Steusloff (Haustechnik)

*Bauherr*
GbR Linienstraße 204

*Bruttogrundfläche*
1.163 Quadratmeter

*Bruttorauminhalt*
3.370 Kubikmeter

*Fertigstellung*
2010

*Baukosten netto*
Kostengruppe 300: 1.335.000 Euro
Kostengruppe 400: 360.000 Euro
Kostengruppe 500: 25.000 Euro

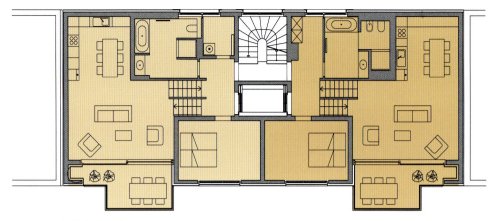

2./3. Obergeschoss

1. Obergeschoss

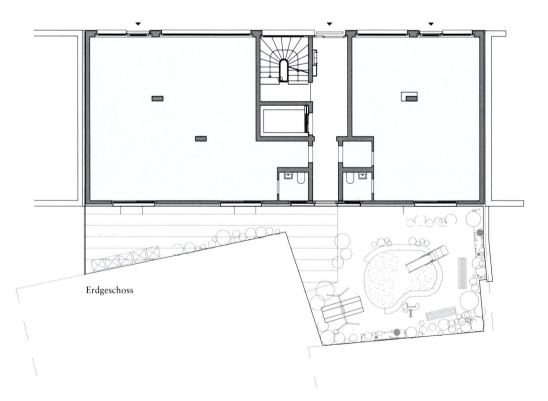

Erdgeschoss

6. Obergeschoss

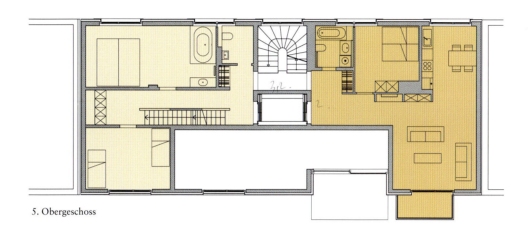

5. Obergeschoss

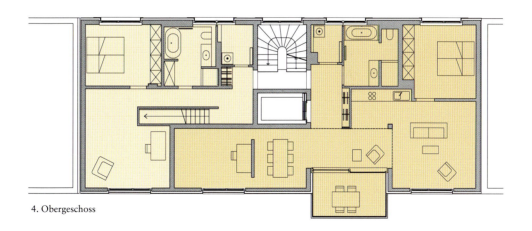

4. Obergeschoss

Maßstab 1:200

Schnitte

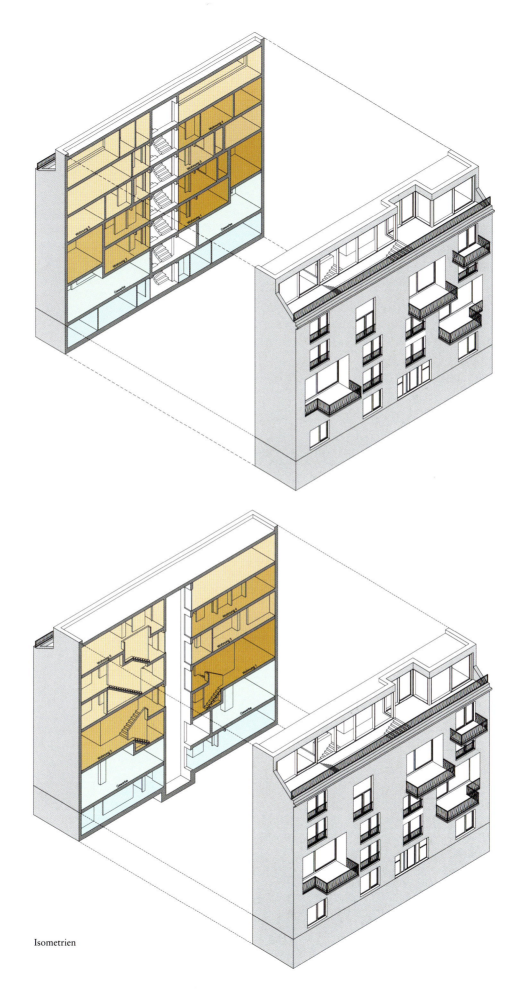

Isometrien

Maßstab 1:200

Seit den 1870er Jahren stehen in der Choriner Straße Mietshäuser mit flächigen Neorenaissance-Fassaden, lediglich die Parzelle mit der Nummer 79 war nie bebaut. Das Grundstück ist mit 32 Metern Straßenfront fast doppelt so breit wie die benachbarten Parzellen. Als Blockrandbebauung mit kurzen Seitenflügeln füllt der Neubau die Lücke. Die Fassade zur Straße orientiert sich an der Traufhöhe sowie an den Proportionen der Nachbarhäuser. Mit zwei Erkern, einem Natursteinsockel und schmalen Natursteingesimsen setzt die Gebäudefront zugleich einen eigenen Akzent. In dem sechsgeschossigen Haus wurden 23 Wohnungen mit zwei, drei oder vier Zimmern geschaffen. Der Grundriss verbindet Elemente von Tradition und Moderne: Aus der Gründerzeit wurde die Kombination eines eindeutig als Wohnraum definierten, größeren und repräsentativen Zimmers mit einer Reihe kleinerer, gleichwertiger Räume übernommen. Wie bei den Wohnhäusern der klassischen Moderne sind die beiden Treppenhäuser indessen an die Straßenseite verlegt. Auf diese Weise bleibt den Wohnräumen die bevorzugte Lage zum Garten vorbehalten.

## Choriner Straße 79

*Architekt*
MODERSOHN & FREIESLEBEN Architekten

*Fachplaner*
Dr. Christian Müller (Statik),
GTD (Haustechnik)

*Bauherr*
HAVIKA Gesellschaft für Grundbesitzmanagement mbH

*Bruttogrundfläche*
4.134 Quadratmeter

*Grundstücksgröße*
1.126 Quadratmeter

*Fertigstellung*
2007

*Baukosten netto*
Kostengruppe 300: 2.325.000 Euro
Kostengruppe 400: 603.000 Euro
Kostengruppe 500: 37.000 Euro

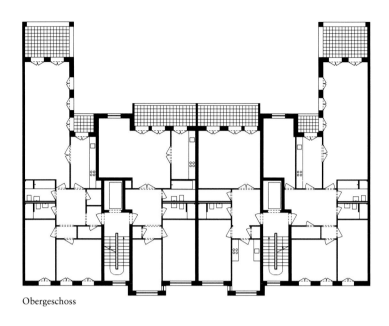

Obergeschoss

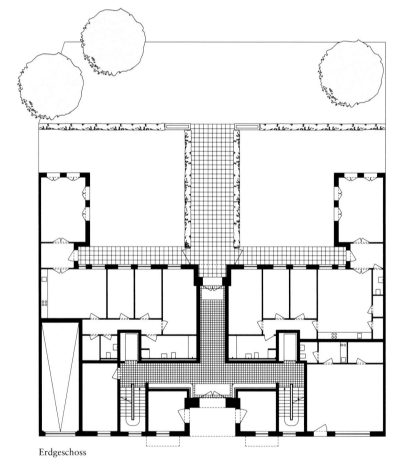

Erdgeschoss

Ansicht

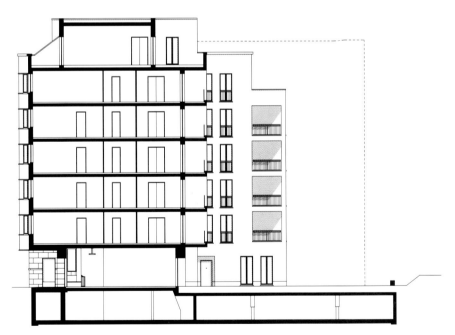

Schnitt

Maßstab 1:333

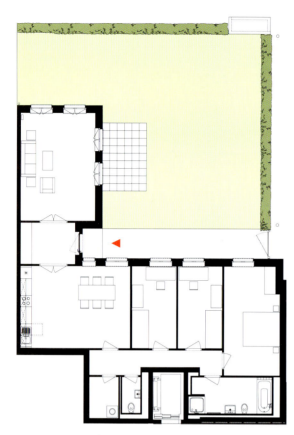

Wohnung 1

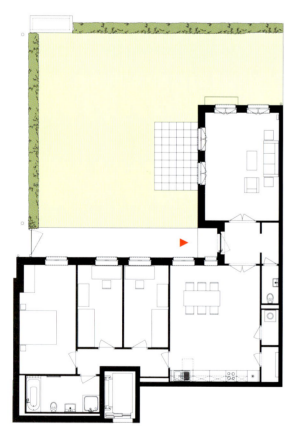

Wohnung 2

Wohnung 3

Wohnung 4

Wohnung 5

Wohnung 6

Maßstab 1:200

Die Architekten fassen das Wesen dieses Gebäudes als »in die Höhe gestapelte Eigenheime« auf. Bauherr war eine Baugruppe mit zehn Teilnehmern. An der straßenseitigen Fassade wechseln zwischen den einzelnen Etagen Fenster und Wandpaneele aus durchgefärbten Eternittafeln je nach Geschoss ihre Lage. Die raumhohen Holzfenster liegen meist in Sichtachsen und ermöglichen den Durchblick von der Straßenseite bis zum Garten. Für die Wohnbereiche wurden Kombinationen aus geschlossenen Individualräumen und offenem Loftgrundriss geschaffen. Auf den sechs Etagen lassen sich jeweils zwei Wohneinheiten zu einer Wohnung mit 135 Quadratmetern Wohnfläche zusammenschalten. Die Fenster an den vorgesetzten Stahlaustritten können um 180 Grad geschwenkt werden, so dass hier ein loggienartiger Bereich entsteht, der die Flexibilität des Innenraums nicht beeinträchtigt. Da das Erdgeschoss für Wohnzwecke genutzt wird, sind die großen Fensterflächen auf die Gartenseite gerichtet. Die Wohneinheiten wurden mit dem ersten Obergeschoss zu Maisonettewohnungen verbunden.

# Anklamer Straße 52

*Architekt*
roedig.schop architekten
Christoph Roedig, Ulrich Schop

*Fachplaner*
IB Jockwer (Statik)
IB Brandes und Kopp (Haustechnik)

*Bauherr*
Baugruppe A52 GbR

*Bruttogrundfläche*
1.333 Quadratmeter

*Bruttorauminhalt*
4.200 Kubikmeter

*Fertigstellung*
2005

*Baukosten netto*
Kostengruppe 300: 605.000 Euro
Kostengruppe 400: 148.200 Euro
Kostengruppe 500: 13.600 Euro

*Grundstückspreis*
554 Euro/Quadratmeter

Ansicht Straße

Ansicht Hof

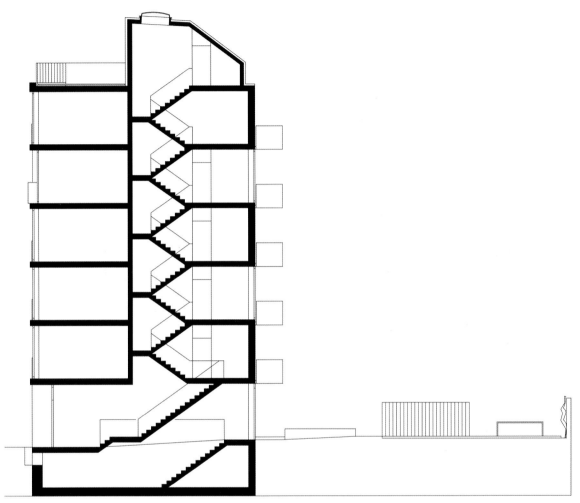

Querschnitt

Maßstab 1:200

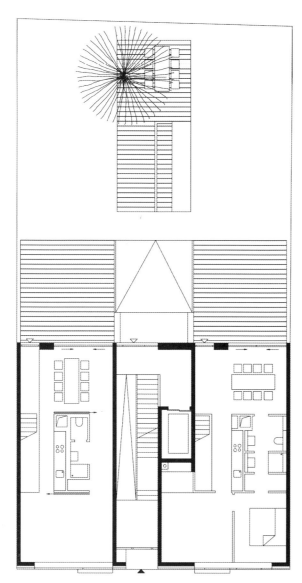

Erdgeschoss

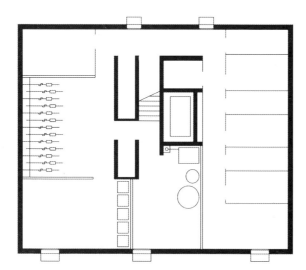

Untergeschoss

Mehrfamilienhäuser in Baulücken > Anklamer Straße 52 > roedig.schop architekten

3. Obergeschoss

2. Obergeschoss

5. Obergeschoss

1. Obergeschoss

4. Obergeschoss

Maßstab 1:200

Das mit Kratzputz versehene Gebäude, das unregelmäßig angeordnete Fensteröffnungen in der Lochfassade aufweist, präsentiert sich schlicht. Metallene Fensterbrüstungen und ein sich von der Fassade leicht abhebendes, glattes Traufgesims akzentuieren die Front. Die Architekten übernahmen die Aufgabe, für vier Baufamilien den Wunsch nach Wohnraum mit eigenem Garten zu realisieren. Sie entwickelten die Idee, Einfamilienhäuser im städtischen Kontext so zu stapeln, dass sie für ihre Nutzer eine wirkliche Alternative zum Haus im Grünen darstellen. Die vier Einheiten werden jeweils getrennt erschlossen, so dass jede Wohnung über ihren individuellen Eingang im Erdgeschoss verfügt. Eigene Treppenhäuser führen zu den oberen Wohnungen, die sich über das zweite und dritte Obergeschoss und das Dachgeschoss erstrecken, welches die beiden 50 Quadratmeter großen Dachgärten umschließt. Der Dachgarten ist zentraler Bestandteil dieses Haus-in-Haus-Konzeptes, denn er soll als Gartenersatz dienen. Die beiden unteren Einheiten wurden reihenhausähnlich konzipiert. Ihre Bewohner haben jeweils das alleinige Nutzungsrecht des hofseitigen Gartens.

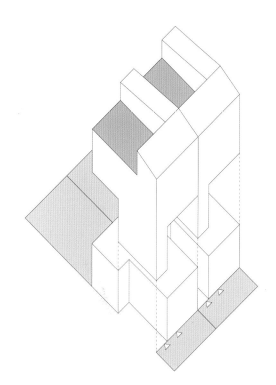

# Mahlerstraße 40

*Architekt*
Michael Müller und Julia Dahlhaus
in dmsw Bürogemeinschaft für Architektur und Landschaft

*Fachplaner*
Ingenieurgesellschaft W33 (Haustechnik)
bbz Landschaftsarchitekten (Freiflächengestaltung)

*Bauherr*
Baugruppe Familien Noll / Leistenschneider /
Drees / Harborth / Tabassomi

*Wohnfläche*
160 Quadratmeter / 220 Quadratmeter

*Bruttorauminhalt*
611 Kubikmeter / 676 Kubikmeter

*Fertigstellung*
2009

*Baukosten netto*
Kostengruppe 300: 825 Euro / Quadratmeter
Kostengruppe 400: 235 Euro / Quadratmeter
Kostengruppe 500: 120 Euro / Quadratmeter

*Grundstückspreis*
233 Euro / Quadratmeter

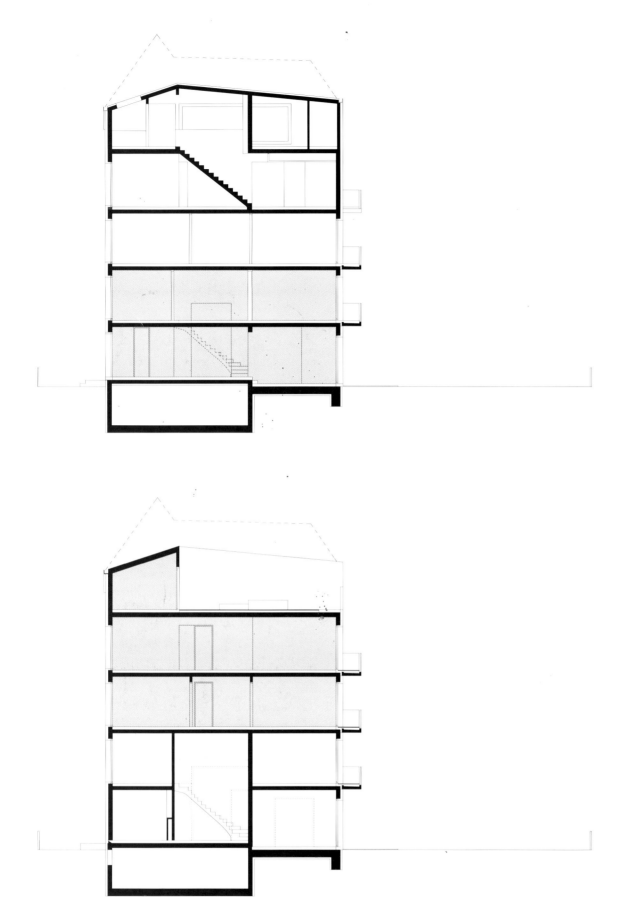

Schnitte

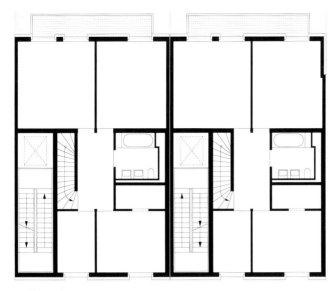

1. Obergeschoss

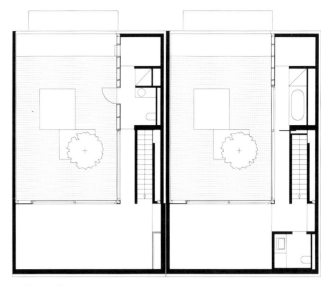

4. Obergeschoss

Erdgeschoss

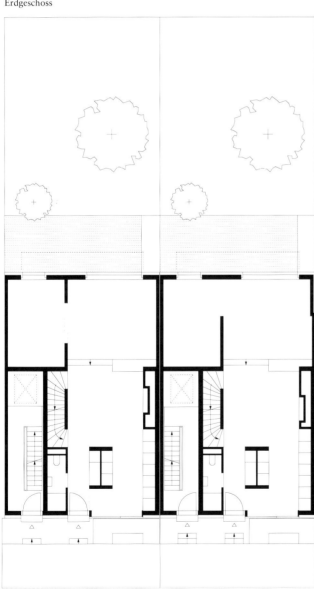

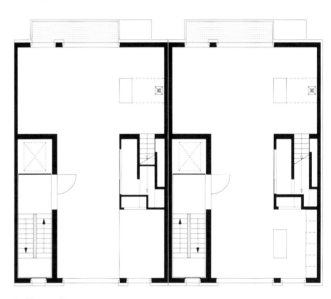

3. Obergeschoss

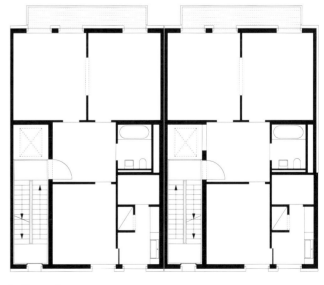

2. Obergeschoss

Maßstab 1:200

# Stadtvillen

01 Drakestraße
02 Stülerstraße
03 Rauchstraße
04 Drakestraße
05 Kurfürstenstraße 59
06 Corneliusstraße 3b
07 Clara-Wieck-Straße 3
08 Clara-Wieck-Straße 5
09 Clara-Wieck-Straße 7
10 Clara-Wieck-Straße 9
11 Clara-Wieck-Straße 10
12 Clara-Wieck-Straße 11
13 Malchower Weg 117–127 und Drossener Straße 1–6
14 Pulvermühlenweg und Olga-Tschechowa-Straße

Als Stadtbaustein für das Wohnen auf der Etage ist die freistehende Stadtvilla am südlichen Tiergartenrand wiederentdeckt worden, im so genannten Alten Westen. Hier entstand seit Mitte der Achtzigerjahre eine Art Modellquartier, in dem die Potenziale des Haustyps Stadtvilla für die unterschiedlichen Wohnnutzungen systematisch ausgetestet wurden. Dieses Areal zwischen Tiergartenrand und den beiden Ufern des Landwehrkanals war seit Mitte des 19. Jahrhunderts ein vornehmer Berliner bzw. Schöneberger Wohnort. Der vorherrschende Typ war hier die freistehende und später die angebaute Stadtvilla.[1] An diese Periode bürgerlichen Wohnens in Berlin erinnern nur noch die Villa von der Heydt, heute Sitz der Stiftung Preußischer Kulturbesitz, sowie die Villa Rossmann (heute als Café Einstein) in der Kurfürstenstraße 58.

Nach der Gründung des Deutschen Reiches und verstärkt seit 1933 vollzog sich der Wandel zum Diplomatenviertel. An den ersten Abschnitt dieser Periode erinnern heute nur noch die ehemalige griechische und die estnische Botschaft in der Hildebrandstraße. Nach den Kriegszerstörungen und der späteren Teilung der Stadt geriet dieses nahe am Zentrum gelegene Villen- und Botschaftsquartier in jeder Beziehung in eine periphere Randlage West-Berlins. Das Areal wurde zum Gegenstand von fünf Wettbewerben und somit zum Versuchsgelände für sämtliche Varianten der städtebaulichen Nachkriegsmoderne (Wettbewerb Hauptstadt Berlin, 1957/58; Städtebaulicher Ideenwettbewerb Landwehrkanal-Tiergartenviertel 1973; Überarbeitung der Wettbewerbsergebnisse/Planungsgruppe Landwehrkanal 1973 bis 1976; Städtebaulicher Ideenwettbewerb Kammergericht Berlin 1978/79; Vorbereitung der Internationalen Bauausstellung 1984 in Berlin seit 1979).

Sämtliche Wettbewerbe blieben ohne bauliche Folge. Erst die Wettbewerbsergebnisse der Internationalen Bauausstellung wurden realisiert, nicht zuletzt deswegen, weil sich das Bauprogramm für Stadthäuser und Stadtvillen auf den öffentlich geförderten Wohnungsbau stützte.

Die Reurbanisierung dieses Areals durch die IBA begann Anfang der Achtzigerjahre unter der Leitung von Josef Paul Kleihues. Unter dem Leitbild »Innenstadt als Wohnort« wurde hier (anders als in Kreuzberg) der Versuch unternommen, den Bautyp der bürgerlichen Stadtvilla und des Stadthauses für den öffentlich geförderten Wohnungsbau durch entsprechende Grundrissgestaltung nutzbar zu machen. Von der Wohnungsbaukreditanstalt gefördert und gefordert wurden allerdings lediglich Wohnungstypen, wie sie in den »Wohnmaschinen« der Großsiedlungen üblich waren. Die Architekten hatten daher ein Kunststück zu bewältigen: die Übersetzung des Bautyps der bürgerlichen Villa beziehungsweise des Stadthauses in ein Mehrfamilienhaus mit vier bis fünf Sozialwohnungen auf der Etage. Dieses Experiment wurde in den Achtzigerjahren an mehreren

# Stadtvillen

Stellen mit unterschiedlichen Schwerpunkten durchgeführt. Die deutlichste Konfrontation dieser Transformation war der Bau der Stadtvilla in der Kurfürstenstraße Nr. 59 (Architekten Heinz Hilmer und Christoph Sattler) neben der 1878 erbauten Villa Rossmann und der daneben stehenden Villa Schwatlo[2] (1938 bis 1940 umgebaut). Hier entstanden nach dem Abriss der Ruine bei gleichem äußeren Umfang 16 Sozialwohnungen in vier Geschossen.[3]

Die Möglichkeiten zur Transformation des Stadtbausteins Stadtvilla wurden am Tiergartenrand in verschiedenen Formen ausprobiert. Dazu gehören die im Block versteckten Stadtvillen am Lützowplatz, die fünf Energiesparhäuser am Landwehrkanal, die Wohnanlage am Lützowplatz von Oswald Mathias Ungers sowie das Stadthausquartier an der Lützowstraße mit 39 Stadthäusern. Die Stadthäuser wurden von verschiedenen Architekten realisiert.

Am bekanntesten geworden ist das Stadtvillenquartier an der Rauchstraße. Nach dem städtebaulichen Entwurf von Rob Krier entstand hier ab 1983 unter Beteiligung bekannter Architekten (darunter Klaus Theo Brenner, Giorgio Grassi, Hans Hollein, Aldo Rossi, Benedict Tonon) ein Stadtvillenquartier mit 239 öffentlich geförderten Wohnungen. Nach dem Fall der Mauer wurde der städtebauliche Ansatz dieses Quartiers zum Vorbild für neue Stadtvillenquartiere mit öffentlich geförderten Wohnungen, zum Beispiel in der Wasserstadt Spandau (Architekten ENS) und am Malchower Weg (Architekt Hans Kollhoff).

Der entscheidende Schritt bei der inhaltlichen Weiterentwicklung von der städtebaulichen Form zum bürgerlichen Wohnen in einer Villa vollzog sich allerdings erst im Tiergartenviertel und hier speziell im Tiergartendreieck, im Köbis Dreieck und schließlich im »Diplomatenpark«. Hier galten nunmehr geänderte wohnungswirtschaftliche Rahmenbedingungen. An die Stelle der öffentlichen Förderung trat die private Finanzierung. Hinzu kam die modifizierte städtebauliche Zielstellung gemischter Nutzungen mit einem hohen Anteil kleiner Bürogebäude, neuer Botschaften, Landesvertretungen, Stiftungssitzen etc.

Der aus einem Wettbewerb hervorgegangene Entwurf für das Tiergartenviertel von Hildebrand Machleidt/Walter Stepp formuliert erstmals das später auch für das Köbis Dreieck angewandte Grundprinzip. Jedes Gebiet wird wie ein traditioneller Block behandelt. Die durch schmale Gassen getrennten Häuser betonen den Einzelhauscharakter individueller Bauherren, Nutzer und Architekten. Die fünfgeschossigen Gebäude variieren den Berliner Miethaustyp mit Vorderhaus, Seitenflügel und Gartenhaus. Die Gartenhäuser bilden einen gemeinsamen ruhigen halb öffentlichen Blockinnenpark. Die Erschließung erfolgt traditionell von den öffentlichen Straßen. Diese Transformation des Typs eines an der Straße stehenden Vorderhauses mit dahinter liegendem Gartenhaus wird am Beispiel der

Corneliusstraße sichtbar. Es handelt sich um das Wohngebäude von Moore, Ruble, Yudell sowie um das Gartenhaus von Gesine Weinmiller.

Nach der erfolgreichen Realisierung dieser Bauten wurde das Prinzip auch auf das gegenüberliegende Köbis Dreieck übertragen, das nach einem städtebaulichen Entwurf von Machleidt und Stepp errichtet wird. Auch in diesem Quartier werden Büros, Botschaften, ein Stiftungssitz und an der ruhigen Köbisstraße frei finanzierte Wohnungen errichtet. Der letzte Baustein umfasst einen schmalen, lange Zeit als Grünverbindung vorgesehenen Streifen zwischen Tiergartenstraße und Von-der-Heydt-Straße. Hier entstehen nach einem städtebaulichen Entwurf von Klaus Theo Brenner zehn freistehende Stadtvillen mit eigenem Garten sowie zwei Botschaftsgebäude. Mit diesem konventionell über die Clara-Wieck-Straße erschlossenen kleinen Villenquartier wird wie in einer Spirale an die Erstbebauung des Tiergartenviertels angeknüpft. Die Stadtvillen leisten gleichzeitig einen höchst aktuellen Beitrag zum bürgerlichen Wohnen in der Stadt.

[1] Aus der umfangreichen Literatur zum »alten Westen« sei auf Veröffentlichungen hingewiesen, die sich insbesondere mit der Planungs- und Baugeschichte befassen:
Olav Münzberg (Hg.), Vom alten Westen zum Kulturforum. Das Tiergartenviertel in Berlin – Wandlungen einer Stadtlandschaft, Ausstellungskatalog der NGBK, Berlin 1988

Das Tiergartenviertel war um 1900, was heute Dahlem ist: unter anderem Wohnort von Bankiers, Hoteliers, Architekten, Schriftstellern, Malern, Warenhausbesitzern, der großen Verleger. Es wurde dann nach und nach zum Diplomatenviertel. In der NS-Zeit wurde der östliche Abschnitt zum Teil der geplanten Nord-Süd-Achse. Danach wurde dieses Areal zum Kulturforum West-Berlins.

Internationale Bauausstellung (Hg.), Wohnpark am Lützowplatz und Südliches Tiergartenviertel. Wettbewerbsunterlagen, Berlin 1980, darin: Anhang – Historische Entwicklung seit 1809, S. 67–137

Wolfgang Schäche u. a., Dokumentation der Bewohner und Architekten des östlichen Tiergartenviertels bis zu den Zerstörungen des Zweiten Weltkrieges in: Senatsverwaltung für Stadtentwicklung (Hg.), Kulturforum (2). Der Diskussionsprozess, Berlin 2005, S. 39–41

[2] Siehe dazu in: Landesdenkmalamt (Hg.), Denkmale in Berlin – Bezirk Mitte, Ortsteile Moabit, Hansaviertel und Tiergarten, Berlin 2005, S. 168/169

[3] Siehe dazu: Josef Paul Kleihues (Hg.), Internationale Bauausstellung Berlin 1984/87. Die Neubaugebiete: Dokumente - Projekte, Stuttgart 1987, S. 222/223 sowie: Hilmer & Sattler, Bauten und Projekte, Stuttgart/London 2000, S. 118–119

Stadtvillen an der Köbisstraße (unten)
an der Clara-Wieck-Straße (rechts)

Die Bebauung in der Rauchstraße im Bezirk Tiergarten entstand im Rahmen der Internationalen Bauausstellung 1984/1987 in West-Berlin, die sich zum Ziel gesetzt hatte, die Innenstadt wieder zum attraktiven Wohnstandort zu entwickeln. Besonders jene Bereiche der Innenstadt, die durch den Bau der Mauer 1961 in eine Randlage gerieten, sollten dabei neue Aufmerksamkeit erfahren. Die Stadtvillen an der Rauchstraße am Rand des Tiergartens – entstanden nach einem Masterplan des niederländischen Architekten Rob Krier – sind beispielhaft für die Suche nach neuen urbanen Wohnformen. Jenseits der anonymen Siedlungslage, jenseits des individuellen Einfamilienhauses und der alten Mietskaserne entstanden hier in neun Stadtvillen 239 hochwertige Geschosswohnungen. Inspiriert von der Typologie der großbürgerlichen Vorkriegsvillen und Botschaftsgebäude sind die Häuser gleichwohl im Rahmen des geförderten Wohnungsbaus entstanden. International renommierte Architekten, darunter Aldo Rossi, Giorgio Grassi, Hans Hollein, Rob Krier sowie Klaus Theo Brenner und Benedict Tonon zeichneten für die Entwürfe verantwortlich.

## Rauchstraße 4–10 und Thomas-Dehler-Straße 38–47

*Architekt*
Klaus Theo Brenner / Benedict Tonon (Haus 4)
Giorgio Grassi (Haus 3)
Hubert Hermann / François Valentiny (Haus 7)
Hans Hollein (Haus 8)
Henry Nielebock und Partner (Haus 2)
Rob Krier (Häuser 5, 6 und 9)
Aldo Rossi (Haus 1)

*Bauherr*
Groth & Graalfs Wohnbau GmbH

*Fertigstellung*
1985

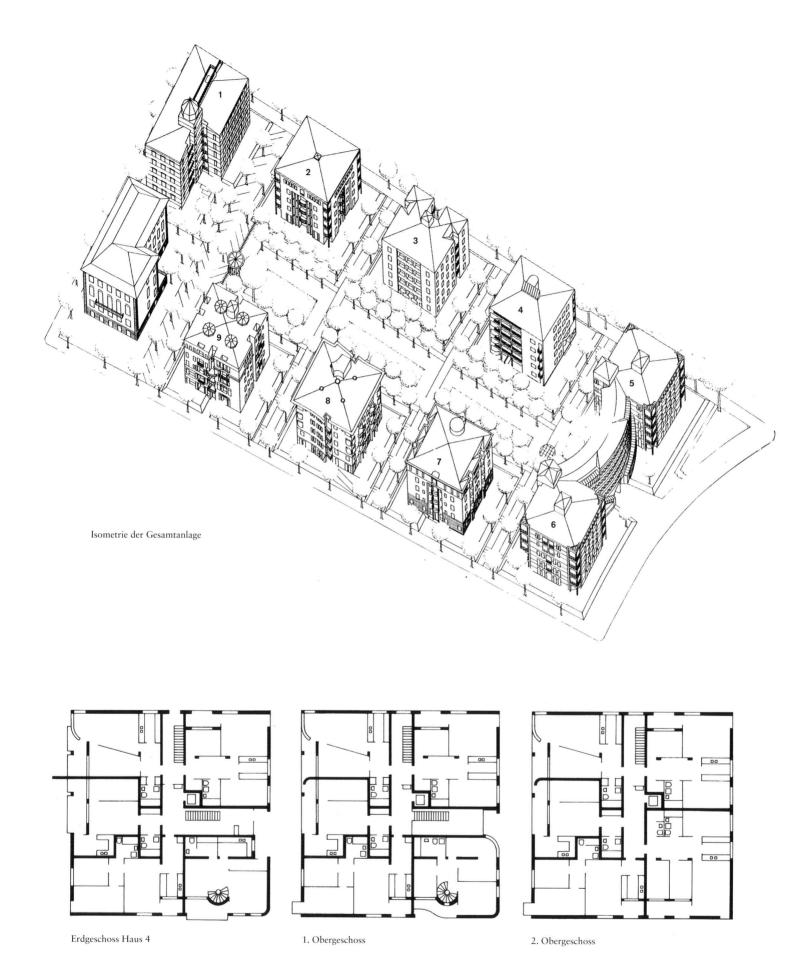

Isometrie der Gesamtanlage

Erdgeschoss Haus 4

1. Obergeschoss

2. Obergeschoss

**Stadtvillen** > Rauchstraße 4–10 und Thomas-Dehler-Straße 38–47

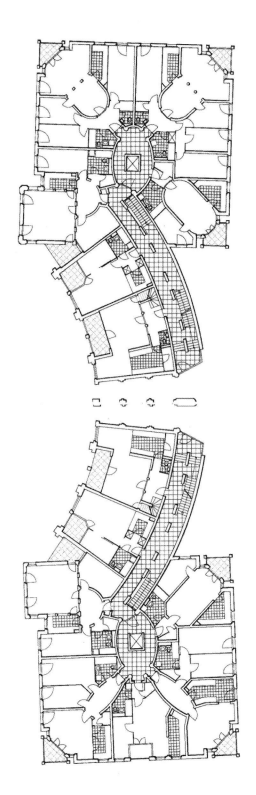

Grundriss Erdgeschoss Haus 5 und 6

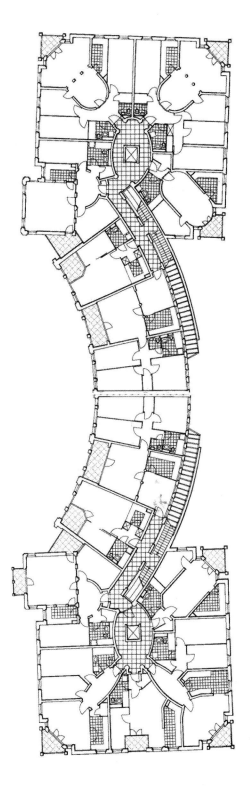

Grundriss Regelgeschoss Haus 5 und 6

Ansicht Haus 2

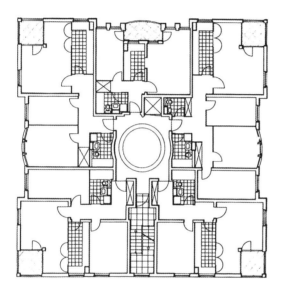
Grundriss Normalgeschoss Haus 2

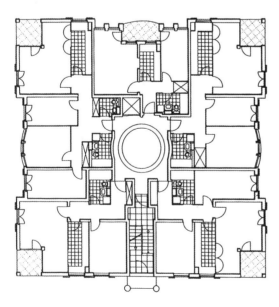
Grundriss Erdgeschoss Haus 2

Stadtvillen > Rauchstraße 4–10 und Thomas-Dehler-Straße 38–47

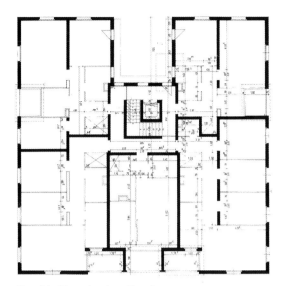

Grundriss Normalgeschoss Haus 3

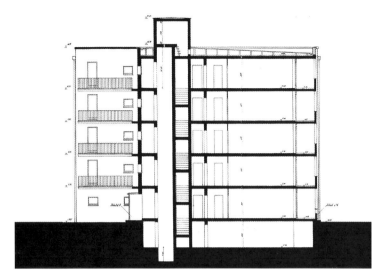

Schnitt Haus 3

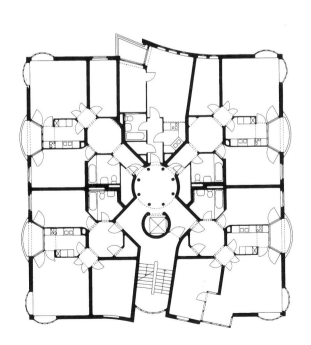

Grundriss Normalgeschoss Haus 8

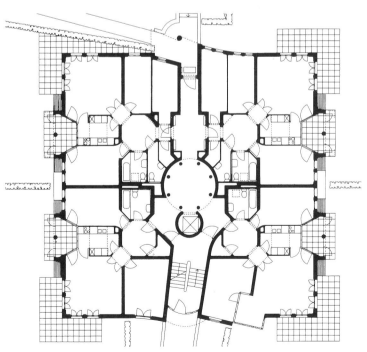

Grundriss Erdgeschoss Haus 8

Das Grundstück liegt zwischen der ehemaligen Villa der Filmschauspielerin Henni Porten (heute Café Einstein) und der Brandwand einer angrenzenden Blockrandbebauung. Mit einem sechsgeschossigen Wohngebäude wurde an die Brandwand angeschlossen. Das dazwischenliegende Grundstück erhielt als Bebauung ein freistehendes Wohnhaus, das sich am Typus der Porten-Villa orientiert. Für die Architekten des Büros Hilmer & Sattler bestand das Problem darin, mit dem Entwurf eines Hauses für 16 Sozialwohnungen in Maßstab, Proportion und Ausdruck dem herrschaftlichen Nachbarbau zu entsprechen. Von der Nachbarbebauung wurde ein hohes Sockelgeschoss übernommen. In der großen Eingangsnische mit Eingangstreppe, konzipiert als offene Halle mit unterer und oberer Ebene sowie Sitzbänken, befindet sich auch die Garagenzufahrt. Um ein ovales Treppenhaus gruppieren sich pro Geschoss vier Wohnungen. Die Loggien im Obergeschoss orientieren sich nach Süden zur Kurfürstenstraße und wurden daher aus Emissionsschutzgründen als Wintergärten ausgebildet.

## Kurfürstenstraße 59

*Architekt*
Hilmer & Sattler

*Bauherr*
Treuhand AG Berlin/München

*Bruttogrundfläche*
1.100 Quadratmeter

*Bruttorauminhalt*
4.600 Kubikmeter

*Fertigstellung*
1987

*Baukosten netto Stand 1987*
Kostengruppe 300: 480.000 DM (240.000 Euro)
Kostengruppe 400: 116.00 DM (58.000 Euro)
Kostengruppe 500: 16.000 DM (8.000 Euro)

*Grundstückspreis*
700 Euro/Quadratmeter

Nordansicht

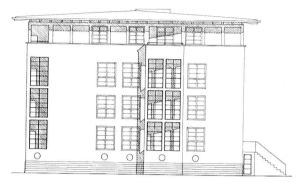

Ostansicht

Luftbild (2011)

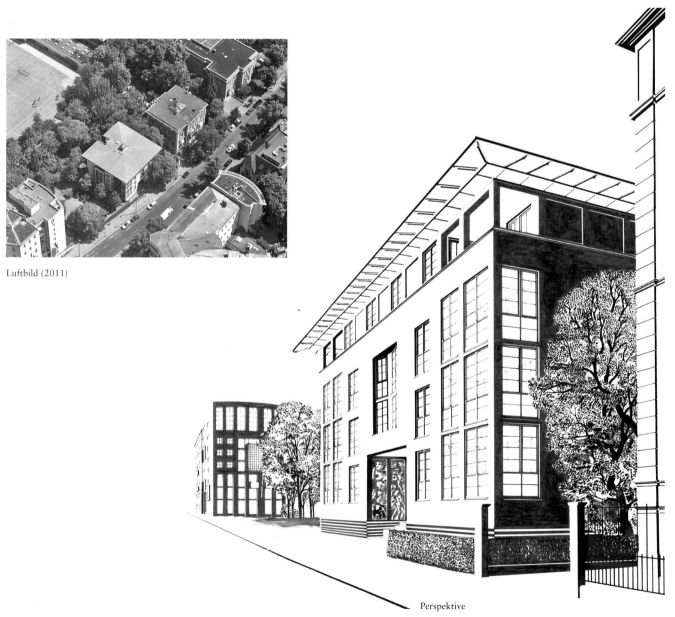

Perspektive

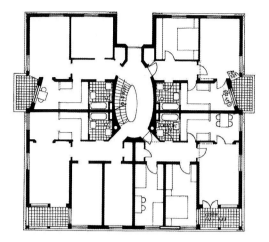

3. Obergeschoss

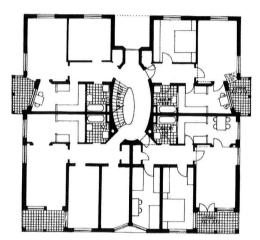

1. und 2. Obergeschoss

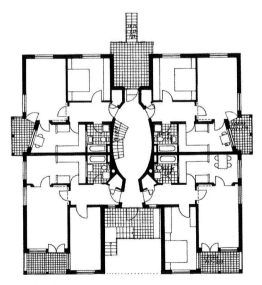

Erdgeschoss

Maßstab 1:333

Die Neubebauung am Tiergarten Dreieck erfolgte in Anlehnung an die traditionelle Berliner Blockstruktur mit Vorderhaus, Seitenflügel und Gartenhaus. Im Inneren umgrenzen die Gebäude mit ihren Gartenhäusern einen Blockinnenpark, den Pocket Park. Über einen Kreuzgang mit drei anderen Wohngebäuden verbunden, steht das Wohnhaus Corneliusstraße 3b zwischen Kreuzganghof und Pocket Park. Somit präsentiert es sich als Gartenhaus, worauf nicht zuletzt die freie Gestaltung der Fassade hinweist. Die französischen Fenster und Loggien oszillieren in jedem Geschoss und reagieren individuell auf den dahinter befindlichen Grundriss. Die freie Anordnung der dunkelroten Holzschiebeläden auf hellem Putzgrund unterstützt diese Wirkung. Nur die Geschossbänder halten die Ordnung. Kein langer Flur, sondern eine zentrale Halle bildet das Entree einer jeden Wohnung. Der nach Süden orientierte große Wohnraum, ausgerichtet auf die Loggia und den vor der gesamten Wohnung verlaufenden Balkon, hat eine Grundfläche von sechzig Quadratmetern und eine Raumhöhe von drei Metern.

## Corneliusstraße 3b

*Architekt*
Weinmiller Architekten
Prof. Gesine Weinmiller, Michael Großmann

*Fachplaner*
IBTB (Statik)
INTEG/Harry Unruh Ingenieurgesellschaft für
Elektroplanung mbH (Haustechnik)

*Bauherr*
Groth Development GmbH & Co. KG

*Bruttogrundfläche*
1.429 Quadratmeter

*Bruttorauminhalt*
5.039 Kubikmeter

*Fertigstellung*
2000

Regelgeschoss

1. Obergeschoss

Erdgeschoss

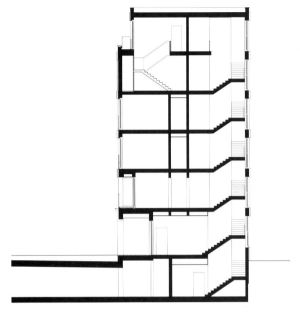

Schnitt

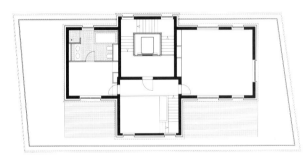

Dachgeschoss

4. Obergeschoss

Maßstab 1:333

Die Villa mit neun Wohneinheiten besitzt einen betont minimalistischen Charakter. Asymmetrisch angeordnete Loggien gliedern den Baukörper. Die verschiebbaren Lamellenelemente dienen als Sonnen- beziehungsweise Sichtschutz und bewirken je nach Anordnung eine ständig wechselnde Fassadengestalt. Die betont kubische Gebäudestruktur erhält einen Kontrapunkt durch die Gestaltung der Wohnraumfenster zur Straße: Die Fensterfront ist nicht gerade, sondern gleich einer Welle nach innen in Richtung Wohnraum geschwungen. Durch eine weite Eingangshalle mit Natursteinboden und hölzernen Wandvertäfelungen gelangt man zum in der Mitte des Gebäudes gelegenen Aufzug- und Treppenhauskern, über den alle Wohnungen barrierefrei erschlossen werden können. Die Wohnungen sind in Nord-Süd-Richtung angelegt. Die großzügigen Loggien weisen nach Westen zur Straße und nach Osten zum Garten. Im Dachgeschoss befindet sich eine große Penthouse-Wohnung mit umlaufender Dachterrasse. Hier wurde eine zusätzliche Aufenthaltsfläche mit Swimmingpool geschaffen.

## Clara-Wieck-Straße 3

*Architekt*
Florian Fischötter

*Fachplaner*
HEG Beratende Ingenieure (Statik)
Ingenieurbüro Wichmann (Haustechnik)

*Bauherr*
Diamona & Harnisch Berlin Development GmbH & Co.,
Diplomatic Quarter Two GmbH

*Bruttogrundfläche*
2.770 Quadratmeter

*Bruttorauminhalt*
10.395 Kubikmeter

*Fertigstellung*
2011

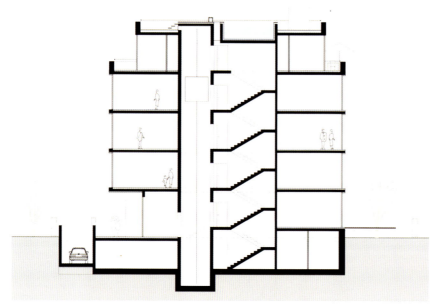

Schnitt

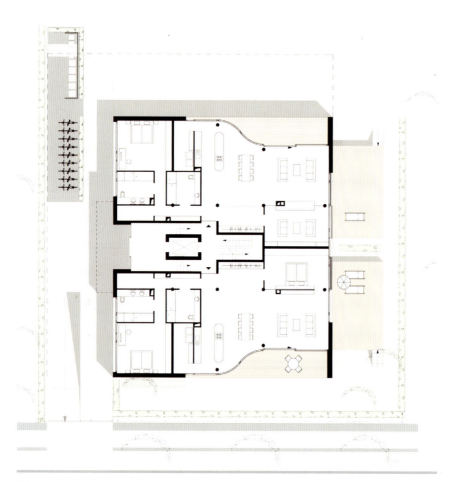

Erdgeschoss

Stadtvillen > Clara-Wieck-Straße 3 > Florian Fischötter

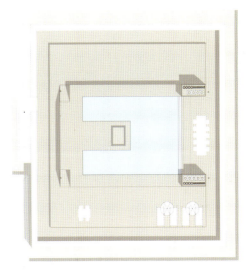

Dachaufsicht

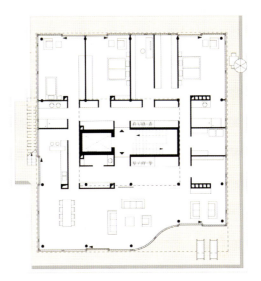

Dachgeschoss

Normalgeschoss

Maßstab 1:333

Das Büro Hilmer & Sattler und Albrecht versteht seinen Entwurf als Hommage an den Wiener Philosophen und Architekten Ludwig Wittgenstein, dem es gelang, mit dem Haus Stonborough in Wien in die Architekturgeschichte einzugehen. Von diesem Vorbild inspiriert haben die Planer eine Stadtvilla geschaffen, welche auf Dekor fast gänzlich verzichtet: Von der glatten weiße Putzfassade setzen sich lediglich fein abgestufte Fensterleibungen und ein durch horizontale Linien profilierter Fassadensockel ab. Der zweigeschossige Hauseingang und die groß dimensionierten Fenster zitieren die Typologie des vornehmen Wohnhauses. Der mittig platzierte Eingangsbereich wurde mit einer Rahmung aus Naturstein versehen. Ein zurückgestaffeltes Dachgeschoss bietet zur Straße hin Terrasse und Loggien. Zwei vertikale Loggienbänder wurden an der südlichen Gebäudeseite errichtet. Die innere Erschließung erfolgt über ein Treppenhaus und einen Fahrstuhl in der Mitte des Gebäudes. Im Treppenhaus dominiert grauer Naturstein, der mit dunklen Einfassungen und weiß verputzten Wänden kontrastiert.

# Clara-Wieck-Straße 5

*Architekt*
Hilmer & Sattler und Albrecht

*Bauherr*
Groth Development GmbH & Co. KG

*Bruttogrundfläche*
2.700 Quadratmeter

*Bruttorauminhalt*
12.150 Kubikmeter

*Fertigstellung*
2009

*Baukosten netto*
Kostengruppe 300: 3.100.000 Euro
Kostengruppe 400: 780.000 Euro
Kostengruppe 500: 210.000 Euro

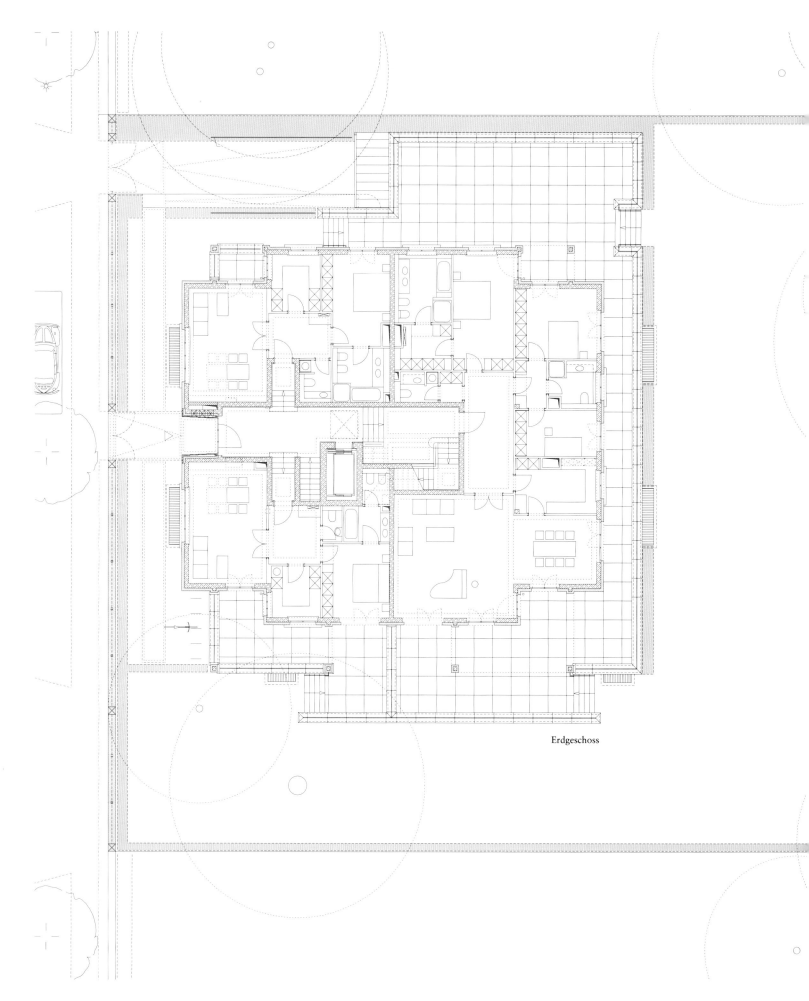

Erdgeschoss

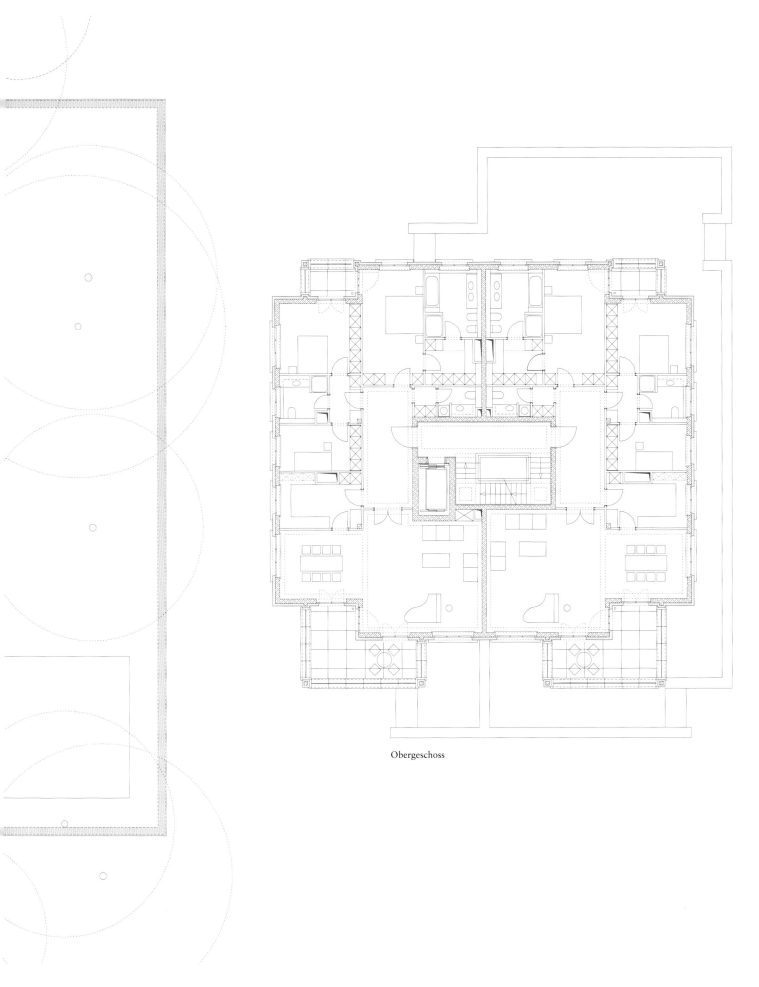

Obergeschoss

Maßstab 1:200

Die mit hellem Putz verkleidete Villa besitzt vier Vollgeschosse mit jeweils zwei Wohnungen. Sie erheben sich über dem für alle Villen im Diplomatenpark einheitlich festgelegten neunzig Zentimeter hohen Sockel. Eine Ausnahme stellt die östliche Gartenwohnung dar, die sich als Maisonette-Wohnung über zwei Etagen erstreckt. Darüber befindet sich ein weiteres Wohngeschoss als Staffelgeschoss mit umlaufender Terrasse. Das Erdgeschoss wurde mit einem kräftigen Bossenputz als Sockel ausgebildet. Die darüber liegenden Geschosse wurden glatt verputzt und erhielten regelmäßig angeordnete Fensterformate. Ein plastisches Gewände betont die Fensterleibungen. Den oberen Abschluss der Fassade bildet das Staffelgeschoss mit einer umlaufenden Pergola in der Fassadenflucht. Sockelabschluss und Attikaabdeckungen sind in Werkstein ausgebildet. Die Fensterrahmungen wurden dieser Optik angepasst. Ein kräftiges Portal aus Naturstein markiert den Eingangsbereich. Die Balkone sind dem Baukörper als selbstständige, ebenfalls verputzte Konstruktionen vorgelagert. Die Zufahrt zur Tiefgarage wurde in die Sockelgestaltung integriert.

## Clara-Wieck-Straße 7

*Architekt*
Thomas Baumann

*Bauherr*
Groth Development GmbH & Co. KG

*Bruttogrundfläche*
2.135 Quadratmeter

*Bruttorauminhalt*
6.928 Kubikmeter

*Fertigstellung*
2011

Erdgeschoss

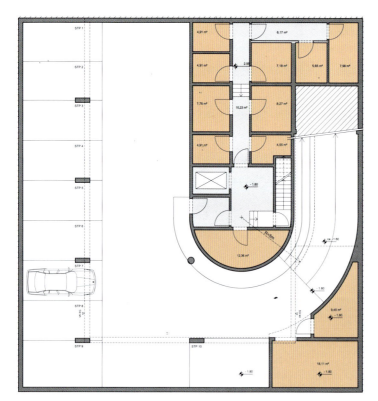

Untergeschoss

1. Obergeschoss

2. u. 3. Obergeschoss

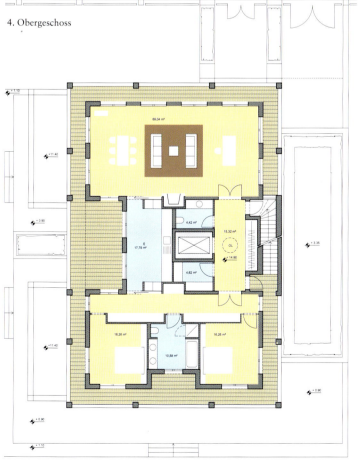

4. Obergeschoss

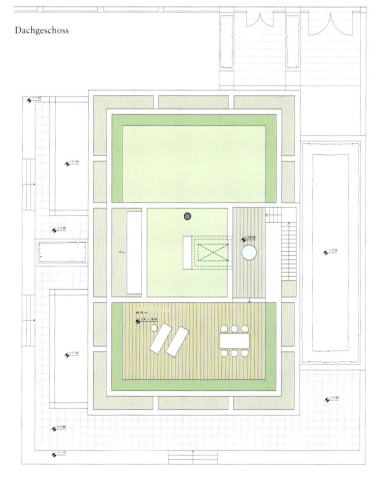

Dachgeschoss

Maßstab 1:200

Die Fassade des Hauses ist mittels zweier Seitenrisalite dreigegliedert und auf das Eingangsportal hin ausgebildet, das sich an der zur Straße weisenden Ostseite befindet. Diese symmetrische Anordnung wurde durch den eingeschossigen Anbau im Norden und den Rücksprung auf der Südseite leicht variiert. Die Süd- und die Westfassade mit plastisch wirkenden Loggien- und Terrassenanbauten öffnen sich zum Garten. Das Staffelgeschoss ist nach Nordosten hin versetzt. So ergeben sich nach Süden und Westen große Dachterrassen. Die helle Putzfassade des Gebäudes wurde mit französischen Fenstern versehen. Gesimse betonen die horizontale Gliederung. Die vier Vollgeschosse beherbergen jeweils drei unterschiedlich große Wohnungen, das Staffelgeschoss eine Penthousewohnung. Die Tiefgarage befindet sich im Untergeschoss. An den ebenerdig liegenden Eingangsbereich schließt das zentrale innenliegende Treppenhaus. In den Wohngeschossen befindet sich jeweils ein großzügiger Wohnungseingangsbereich, in dessen Mitte eine ellipsenförmige Deckenöffnung platziert wurde. Sie verweist auf die konstruktive Mitte des Gebäudes.

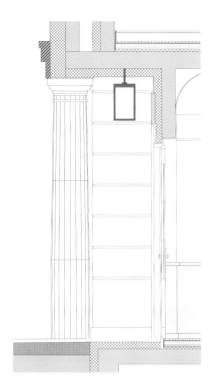

## Clara-Wieck-Straße 9

*Architekt*
Kahlfeldt Architekten und Philipp Rentschler

*Fachplaner*
Reiner von Polheim (Statik)
Jens Peter Meyer (Haustechnik),
Harry Unruh Ingenieurgesellschaft für Elektroplanung mbH (Elektroplanung)

*Bauherr*
Diamona & Harnisch Berlin Development GmbH & Co.,
Diplomatic Quarter Two GmbH

*Bruttogrundfläche*
2.051 Quadratmeter

*Bruttorauminhalt*
7.075 Kubikmeter

*Fertigstellung*
2010

Ansicht Ost

Ansicht West

Ansicht Süd

Ansicht Nord

Maßstab 1:200

Grundriss

Schnitt Nord-Süd

Schnitt Ost-West

Maßstab 1:200

Fassadendetail

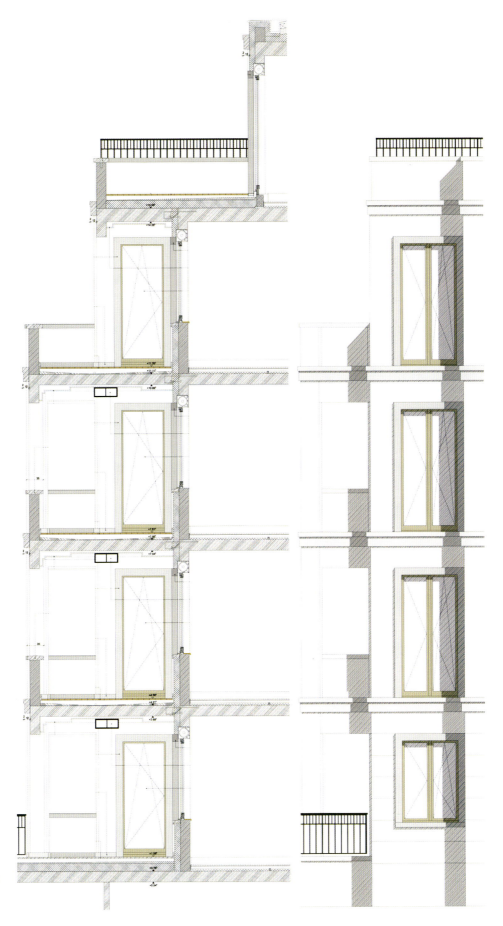

Fassadendetail

Maßstab 1:100

Die viergeschossige Villa ist mit weißem Glattputz verkleidet. Vorspringende große Balkone an den Seiten, insbesondere auf der Eingangsseite, sowie ein breiter Erker in der Symmetrieachse nach Süden prägen den Baukörper. Die horizontale Grundlinie des Baus wird durch sparsame plastische Akzentuierungen in der Fassade und die markanten Brüstungsgeländer betont. Gesimsbänder heben sich reliefartig von der Fassade ab. Das Gebäude besitzt einen massiven Steinsockel. Die Wohnungen sind als Ein- oder Zweispänner konzipiert: Vom Treppenhaus aus werden jeweils eine oder maximal zwei Wohnungen erschlossen. Die Treppenanlage schließt sich an den straßenseitigen Eingangsbereich an. Aus der symmetrischen Anordnung der Erschließung auf der Nordseite ergibt sich eine große Flexibilität im Innenausbau. Das Dachgeschoss ist als großer offener Raum konzipiert.

## Clara-Wieck-Straße 10

*Architekt*
Klaus Theo Brenner Stadtarchitektur

*Fachplaner*
HEG Beratende Ingenieure (Statik)
Ingenieurbüro Wichmann (Haustechnik)

*Bauherr*
Diamona & Harnisch Berlin Development GmbH & Co.,
Diplomatic Quarter Three GmbH

*Bruttogrundfläche*
2.095 Quadratmeter

*Bruttorauminhalt*
7.591 Kubikmeter

*Fertigstellung*
2011

1. Obergeschoss

3. Obergeschoss

2. Obergeschoss

Erdgeschoss

254　　Stadtvillen > Clara-Wieck-Straße 10 > Klaus Theo Brenner Stadtarchitektur

Ansicht

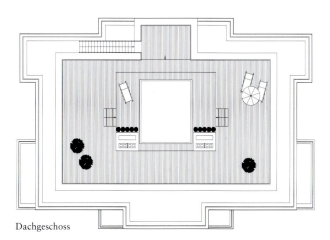
Dachgeschoss

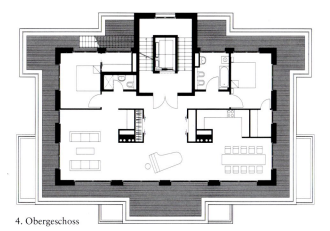
4. Obergeschoss

Maßstab 1:300

Die elf Wohneinheiten des Mehrfamilienhauses verteilen sich auf vier Geschosse mit Erdgeschoss, wobei der monolithische Baukörper einseitig eingeschnitten wird. Die Wohnungen sind mit Balkonen und Terrassen ausgestattet. Das Erdgeschoss ist als Hochparterre konzipiert und liegt etwa 90 Zentimeter über dem Straßenniveau. Die Klinkerfassade wurde nicht nur als Sockelverkleidung ausgeführt, sondern auf das gesamte Erdgeschoss bezogen. Auffällige Fensterrrahmungen aus dunklem Aluminium prägen die Putzfassade vom ersten Obergeschoss an. Sie integrieren Sonnenschutz, Führungsschienen und Fensterbänke. Diese Bauteile betonen die herrschaftlichen Geschosshöhen und gliedern zugleich die Fassade. Eingangsbereich und Austritt auf die Dachterrasse wurden als Pfosten-Riegel-Konstruktion ausgeführt. Die schmalen Profile bieten einen Kontrast zu den Fensterelementen und begünstigen den Lichteinfall. Die Geschosse werden über ein großzügiges Treppenhaus mit geräumigem Treppenauge erschlossen. Für den Bodenbelag wurde hier der Naturstein Pietra Piasentina verwendet.

## Clara-Wieck-Straße 11

*Architekt*
Haas Architekten

*Fachplaner*
HEG Beratende Ingenieure (Statik)
Ingenieurbüro Wichmann (Haustechnik)
ITK-KILIC (Elektroplanung)

*Bauherr*
Diamona & Harnisch Berlin Development GmbH & Co.,
Diplomatic Quarter Two GmbH

*Bruttogrundfläche*
1.983 Quadratmeter

*Bruttorauminhalt*
8.355 Kubikmeter

*Fertigstellung*
2010

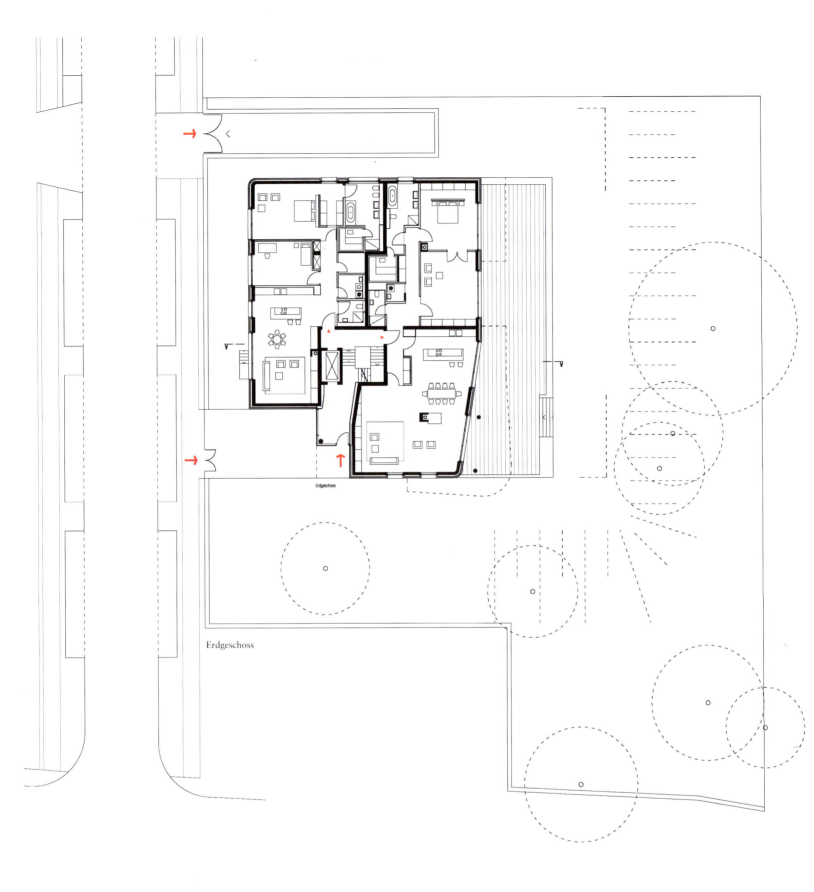

Erdgeschoss

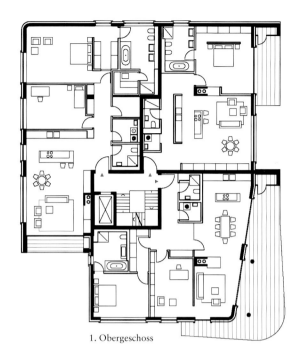

1. Obergeschoss

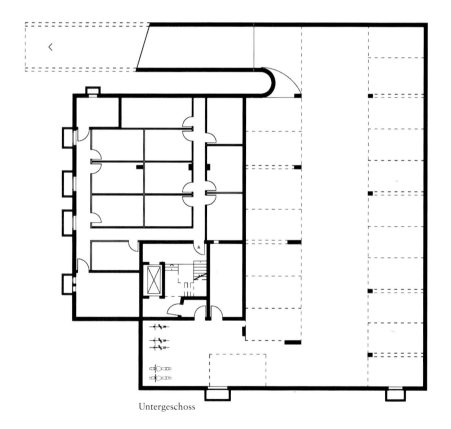

Untergeschoss

Maßstab 1:333

Straßenperspektive

Eingangsperspektive

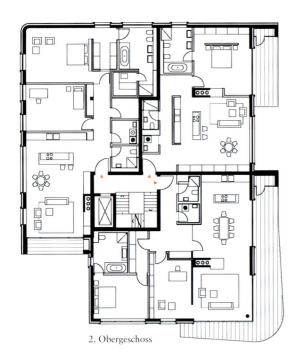

2. Obergeschoss

3. Obergeschoss

Stadtvillen > Clara-Wieck-Straße 11 > Haas Architekten

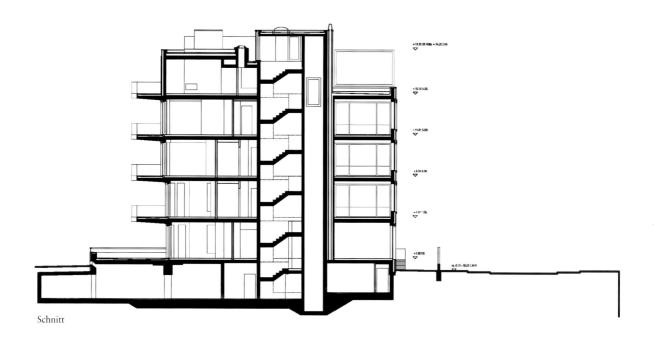

Schnitt

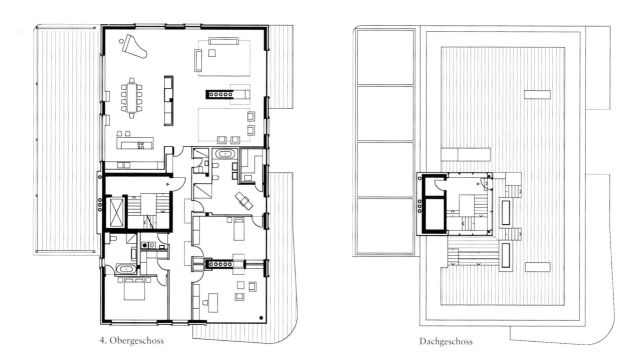

4. Obergeschoss

Dachgeschoss

Maßstab 1:333

Zwei Blöcke aus aus jeweils acht kompakten viergeschossigen Wohnhäusern mit je acht Wohnungen bilden das Ensemble, das sich im Osten Berlins im Bezirk Hohenschönhausen befindet. Sämtliche Gebäude erhielten eine in dunklem Rot gehaltene Klinkerfassade, die horizontal durch Betonfertigteilgesimse und naturbelassene Zedernholzfenster gegliedert ist. Die flach geneigten Zinkblechdächer kragen weit aus und zeigen eine Holzuntersicht. Die Wohnungen besitzen französische Fenster, in den oberen Geschossen wurden Wintergärten eingerichtet. Jedes Haus wird mittig erschlossen. Der Grundriss ist symmetrisch aufgebaut, so dass eine Spiegelung je nach Orientierung des Gebäudes möglich ist. Die großzügige Dimensionierung des Treppenauges, die Holzvertäfelung im Eingangsbereich, die Wahl eines qualitätvollen Werksteinbelages, die Handläufe und Wohnungseingangstüren aus naturbelassenem Holz sowie eine sorgfältige Detaillierung schaffen eine repräsentative Eingangssituation. So ist dieses Wohnensemble auch ein Versuch, Verfeinerung in ein Gebiet zu tragen, das vornehmlich von Betonfertigteilästhetik geprägt ist.

## Malchower Weg 117–127 und Drossener Straße 1–6

*Architekt*
Prof. Hans Kollhoff Architekten

*Bauherr*
Botag Bodentreuhand- und Verwaltungs-AG, Berlin

*Bruttogrundfläche*
17.352 Quadratmeter

*Fertigstellung*
1994

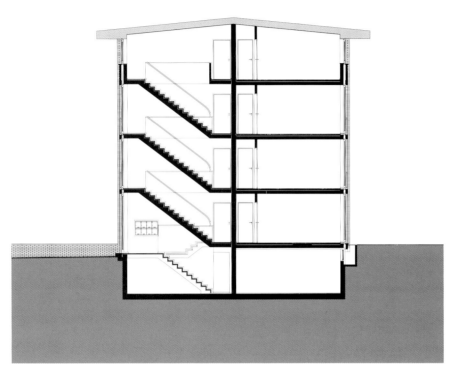

Schnitt

Ansicht

264　**Stadtvillen** > Malchower Weg 117–127 und Drossener Straße 1–6 > Prof. Hans Kollhoff Architekten

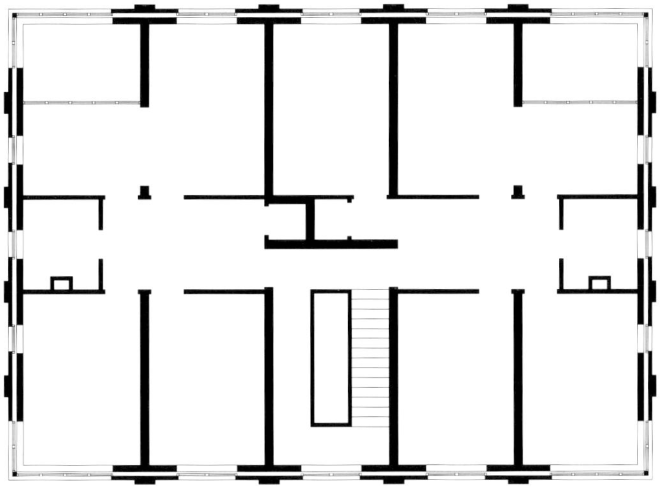

1. Obergeschoss

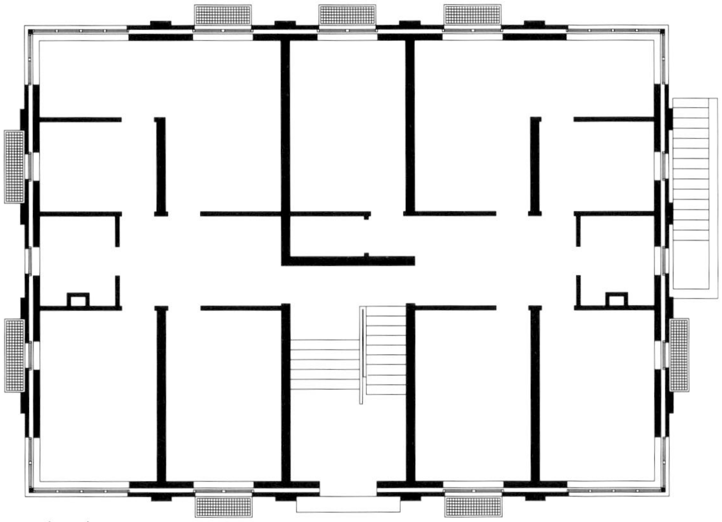

Erdgeschoss

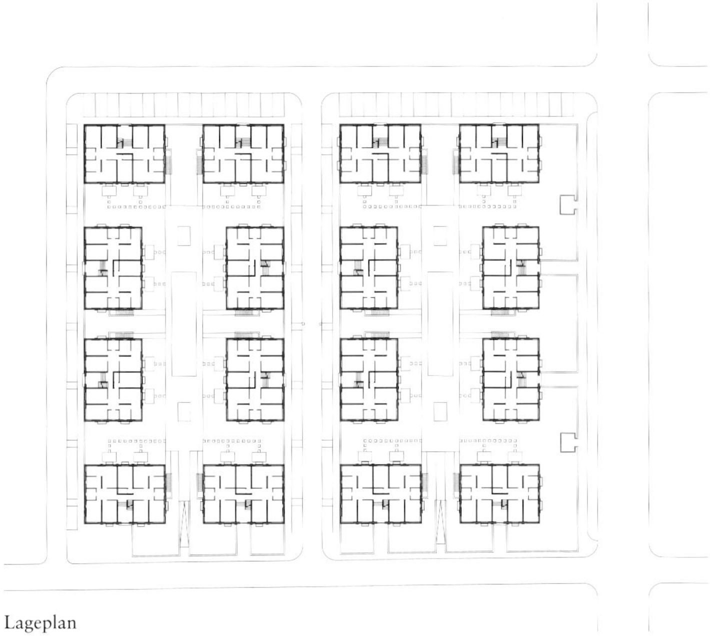

Lageplan

Maßstab 1:200

Das Quartier Pulvermühle – so benannt nach dem Standort, an dem einst das preußische Militär sein Pulver produzierte – wurde Ende 2000 als erster Baustein der Wasserstadt Berlin Oberhavel fertiggestellt. Die Architekten Eckert Negwer Suselbeek entwarfen ihre würfelförmigen Wohngebäude als »ungerichtete Häuser auf einem grünen Teppich«. Locker im Grünen gruppiert, zitieren die Häuser das Siedlungsmodell der Moderne. In die braunen Ziegelfassaden der Gebäude sind seriell angeordnete, raumhohe französische Fenster mit Holzrahmen eingelassen. Schmale Gesimsbänder aus gleichfarbigem Ziegelstein sind die einzigen strukturierenden Elemente an den Außenfronten. In den mittig angebrachten Eingangsbereichen sind die Holztüren an den Seiten mit vertikalen Leuchtbändern versehen. Jede Seite der 16 mal 16 mal 16 Meter messenden Gebäude wird hier zur Frontseite. Lediglich durch minimale Eingriffe im Sockelgeschoss werden Eingang, Seiten und Rücken ablesbar. Öffentliche Straßenseite und private Hofseite sind so auf den ersten Blick nicht zu unterscheiden.

# Pulvermühlenweg und Olga-Tschechowa-Straße

*Architekt*
Eckert Negwer Suselbeek Architekten

*Fachplaner*
Hörnicke Hock Thieroff (Statik)
Dernbach (Haustechnik)

*Bauherr*
GSW Gemeinnützige Wohnungsbaugesellschaft Berlin mbH

*Bruttogrundfläche*
10.750 Quadratmeter

*Bruttorauminhalt*
73.400 Kubikmeter

*Fertigstellung*
2000

Perspektive

Perspektive

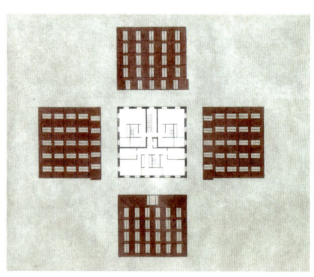

Grundriss und Ansichten

Stadtvillen > Pulvermühlenweg und Olga-Tschechowa-Straße > Eckert Negwer Suselbeek Architekten

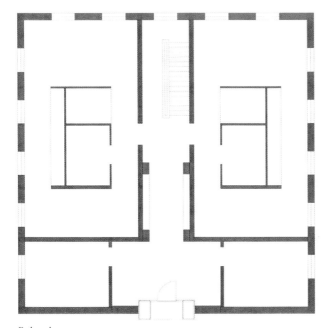
Erdgeschoss

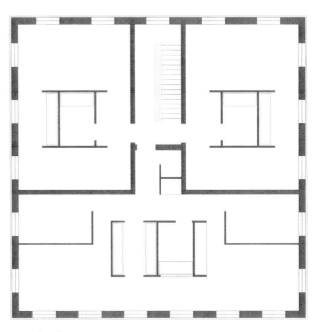
Normalgeschoss

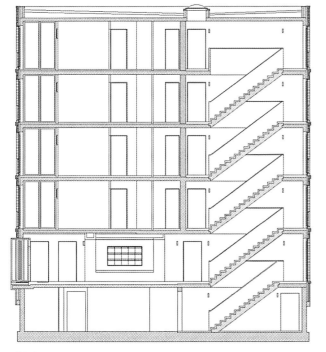
Schnitt

Ansicht

Maßstab 1:200

# Bauteilkatalog

Fassade
Eingang
Wohnraum
Küche
Badezimmer
Treppenhaus
Außenraum

# Fassade

**01** Oberwallstraße 10 > *Hon. Prof. Johanne Nalbach*
**02** Caroline-von-Humboldt-Weg
**03/04** Caroline-von-Humboldt-Weg 14 > *Bernd Albers*
**05/06** Kleine Jägerstraße 3 > *Stephan Höhne Architekten*
**07** Caroline-von-Humboldt-Weg 30 > *Hon. Prof. Johanne Nalbach*
**08** Caroline-von-Humboldt-Weg 18 > *Jordi + Keller Architekten*
**09** Oberwallstraße 10 > *Hon. Prof. Johanne Nalbach*
**10** Caroline-von-Humboldt-Weg 20 > *Meuser Architekten*
**11** Caroline-von-Humboldt-Weg 6 > *Klaus Theo Brenner*
**12** Oberwallstraße 21 > *Grüntuch Ernst Architekten*
**13** Kleine Jägerstraße 11 > *Thomas Müller Ivan Reimann Architekten*
**14** Caroline-von-Humboldt-Weg 32 > *Hon. Prof. Johanne Nalbach*
**15/16** Am Friedrichshain 28–32 > *Stephan Höhne Architekten*
**17** Bernauer Straße 5a > *schöningmosca Architekten*
**18/19** Am Pankepark 14–53 > *PEB+ NOTTMEYER HARM RECCIUS Architekten*
**20** Linienstraße 40 > *Roger Bundschuh*
**21** Mulackstraße 8 > *Sergei Tchoban, nps tchoban voss*
**22** Auguststraße 51 > *Grüntuch Ernst Architekten*
**23** Kurfürstenstraße 59 > *Hilmer & Sattler*
**24** Clara-Wieck-Straße 5 > *Hilmer & Sattler und Albrecht*
**25/26** Clara-Wieck-Straße 3 > *Florian Fischötter*

Die Renaissance des städtischen Hauses in der Reihe hat mancherlei Konsequenzen. Eine davon ist die Wiederentdeckung der Entwurfsaufgabe Fassade. Bis in die Siebzigerjahre arbeiteten sich die Architekten am Thema der vier Ansichten eines allseitig sichtbaren Objektes ab. Gestaltungsaufgabe waren nicht mehr die Straßenfront und Eingangsseite, sondern die aus der Straßenwand herausgelöste, oft sogar hochgestemmte Skulptur. Wo sich einmal der Sockel befand, gab es nun Platz für die grüne Stadtlandschaft. Mit der Rückkehr zum Leitbild der europäischen Stadt, verbunden mit dem Wunsch zum Wohnen in der Stadt, stellt sich erneut die alte Aufgabe, eine Fassade für die Alltagsaufgabe individueller Bauherren zu entwerfen. Die Wohnhausfassade wird dabei Teil eines vorhandenen oder neuen Stadtbildes. Die aktuelle Fassadendebatte kreist daher um die Frage Einfügen oder Auffallen. Das Spektrum der Möglichkeiten wird selbst bei sechs Meter breiten Stadthäusern ausprobiert. Aber Fassadenfragen sind nicht nur ästhetische Fragen. Es geht um die Kultivierung des Gegensatzpaares privat und öffentlich. Die Stadt muss daher zwei Erfahrungen ermöglichen: die der Gemeinschaft und zugleich die der individuellen Freiheit. Im Übergangsbereich zwischen privat und öffentlich befindet sich die Fassade, deren Gestaltung bis heute Teil einer grundsätzlichen Auseinandersetzung über die Zukunft städtischer Architektur ist. Natürlich artikuliert jede Fassade die architektonische Vorstellung des Wohnens, des Tragens, des Schützens, des Sich-Öffnens zum öffentlichen Raum. Dazu kommen die symbolischen und erzählerischen Bedeutungen der Fassadengliederung – Sockel, Dachabschlüsse, Fensterformate – und die Wahl der Materialien – Putz, Naturstein, Ziegel, Glas. Angesichts der Vielfalt der neuen Fassaden wird klar, wie sehr auch sie Vermittler von Bedeutung, von Hoffnungen und Erinnerungen sind. Diese Vielfalt ist nicht neu, sondern wurde durch den Bau von Wohnmaschinen lediglich erstickt.

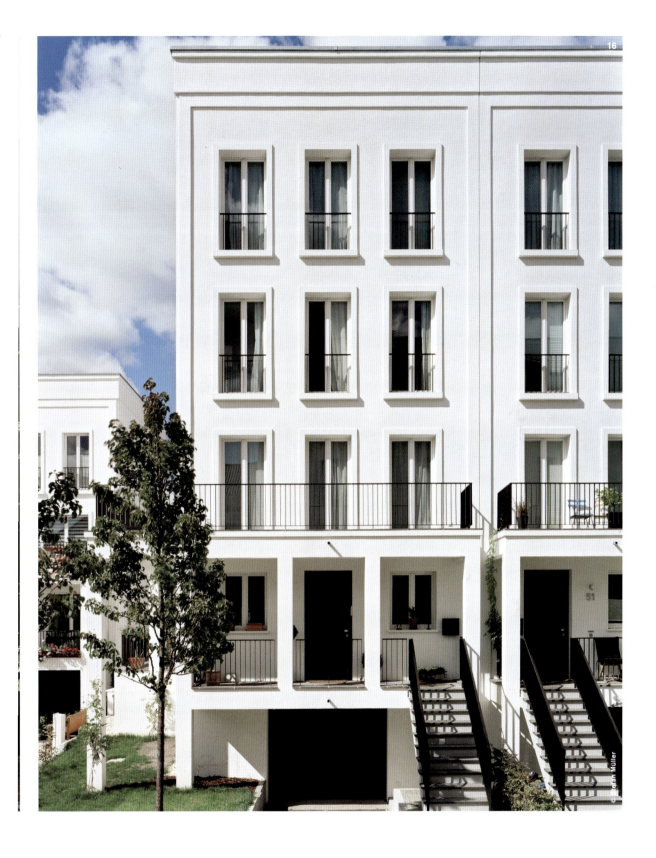

18

19

# Eingang

01 Oberwallstraße 19 > *abcarius + burns architecture design*
02/03 Clara-Wieck-Straße 9 > *Kahlfeldt Architekten und Philipp Rentschler*
04 Auguststraße 50b > *Baumeister & Dietzsch Architekten*
05 Clara-Wieck-Straße 5 > *Hilmer + Sattler und Albrecht*
06 Oberwallstraße 10 > *Hon. Prof. Johanne Nalbach*
07 Am Friedrichshain 28–32 > *Stephan Höhne Architekten*
08 Pulvermühlenweg und Olga-Tschechowa-Straße > *Eckert Negwer Suselbeek Architekten*
09 Choriner Straße 79 > *MODERSOHN & FREIESLEBEN Architekten*
10 Caroline-von-Humboldt-Weg 18 > *Jordi + Keller Architekten*
11 Auguststraße 50b > *Baumeister & Dietzsch Architekten*
12 Gipsstraße 5 > *Prof. Hans Kollhoff Architekten*

»Die Inszenierung des Einganges als architektonische Einführung in die Bauidee und als konzeptionelle Vorbereitung auf das Gebäude selbst ist ein Thema der Architektur unabhängig von Raum und Zeit. Alle Epochen haben mit ihren Mitteln und Möglichkeiten versucht, den Ouvertürencharakter des Einganges architektonisch auf den Begriff zu bringen.« (Jan Pieper) Die große Ausnahme dieser so selbstverständlich klingenden Feststellung bildet der Massenwohnungsbau der späten Moderne. In den den Sechzigerjahren des 20. Jahrhunderts verlegten die industriellen Wohnungsbauten der DDR und die westdeutschen Großsiedlungen den Eingang von der öffentlichen Straße auf die halböffentliche Rückseite zu den Parkplätzen und Grünanlagen. Die Häuser verloren damit ihr öffentliches Gesicht, ihre Adresse. Das Anliegen städtischen Bauens, mit dem Eingang, seiner Größe, seiner architektonischen Gestaltung der Tür, des Vordaches und der Differenzstufen etwas vom Anspruch der Bewohner sichtbar zu machen, wurde negiert. Dieser Bruch setzte sich bei der Gestaltung der Eingänge von Siedlungsbauten mit schwellenlos eingebauten standardisierten Aluminiumtüren nahtlos fort. Der Eingang als zentrales Element jedes Hauses verschwand durch funktionale Verlegung auf die Hausrückseite auch aus dem Blickfeld der Architekten. Er geriet zum beliebigen industriellen Produkt der Fenster- und Türenfabrikation. Der Tradition der architektonischen Auffälligkeit folgte die Idee der Moderne, den Eingang unsichtbar zu machen. Damit verlor sich auch der Anspruch der Architektur, mit dem Hauseingang zu signalisieren, dass wir uns mit dem Überschreiten der Schwelle von der öffentlichen in die private Sphäre begeben. Man fällt nicht mit der Tür ins Haus, sondern will begrüßt und hineingebeten werden. Es ist genau diese Geste, die man auch als architektonische Form erwartet. Die Eingangstür ist keine bloße Funktionsöffnung oder gar eine Art Einfallstor für das Böse, gegen das man sich schützen muss.

Zudem bekam der Hauseingang Konkurrenz durch die Einfahrt des Autos in die Hausgarage. Man betritt heute das Haus oft über die Garage und verpasst damit die weiteren Sequenzen des Hauseingangs mit der vorgelegten Eingangsstufe, der Tür in die Eingangsräume, den Vorräumen und der daran geknüpften Erwartung an das Hausinnere. Die folgenden Beispiele vermitteln Eindrücke neuer architektonischer Inszenierungen des Ankommens und Gehens.

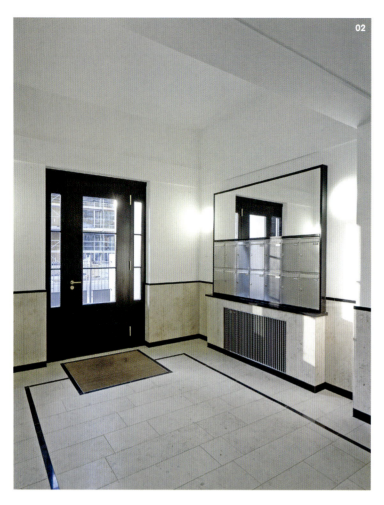

11

12

# Wohnraum

01 Bernauer Straße 6b > *Kai Hansen Architekten*
02 Oberwallstraße 19 > *abcarius + burns architecture design*
03/04 Oberwallstraße 10 > *Hon. Prof. Johanne Nalbach*
05–09 Oberwallstraße 15 > *David Chipperfield Architects*
10–12 Oberwallstraße 21 > *Grüntuch Ernst Architekten*
13 Caroline-von-Humboldt-Weg 32 > *Hon. Prof. Johanne Nalbach*
14/15 Auguststraße 51 > *Grüntuch Ernst Architekten*
16–20 Linienstraße 40 > *Roger Bundschuh*
21 Kleine Jägerstraße 3 > *Stephan Höhne Architekten*
22/23 Mahlerstraße 40 > *Michael Müller und Julia Dahlhaus / dmsw*
24/25 Alice-und Hella-Hirsch-Ring 40–68 > *KSV Krüger Schuberth Vandreike*
26 Anklamer Straße 52 > *rödig.schop architekten*
27–29 Krachtstraße und Glasbläserallee > *Beyer-Schubert Architekten*
30 Caroline-von-Humboldt-Weg 14 > *Bernd Albers*
31 Clara-Wieck-Straße 9 > *Kahlfeldt Architekten und Philipp Rentschler*
32/33 Auguststraße 50b > *Baumeister & Dietzsch Architekten*
34 Malchower Weg 117–127 und Drossener Str. 1–6 > *Prof. Hans Kollhoff Architekten*
35 Oberwallstraße 14 > *Prof. Hans Kollhoff Architekten*
36/37 Pulvermühlenweg und Olga-Tschechowa-Straße > *Eckert Negwer Suselbeek Architekten*

Es ist nicht einfach, mit wenigen Worten etwas Sinnvolles zum Wohnen in städtischen Wohnhäusern zu sagen. Klar ist aber: Das Wohnen der Art, wie es als Grundlage zur »Lösung der Wohnungsfrage« diente, ist ein Produkt der Moderne. Das, was das Wohnen zusammenhält, ist (oder war) die Kleinfamilie. Für sie wurde die Kleinwohnung erfunden. Die »Wohnmaschine«, also der Versuch, möglichst viele Kleinfamilien voneinander getrennt in einem Gebäude unterzubringen, war die logische Konsequenz des Wohnens in Großsiedlungen. Diese Phase ist in Deutschland nach der Lösung der Wohnungsfrage auch deswegen beendet, weil der soziale Kern des Wohnens, die Familie, sich auflöst und durch eine ständig steigende Zahl von Kleinsthaushalten und neuen Formen des Zusammenlebens abgelöst wird. Für dieses Wohnen architektonische Formen zu entwickeln ist eine Aufgabe, die nicht als serielle Aufgabe bearbeitet werden kann. Wohnen ist heute mehr denn je ein Lebensstil, der dazu dient, seiner Individualität Ausdruck zu verleihen.

Dabei geht es nicht um die Wohnfunktionen, sondern um die Inszenierung des individuellen Lebensstils. Diese Inszenierung aber ist von einer bestimmten Wohnungsgröße an in fast jedem Grundriss möglich. Das zeigen Fotos vom neuen Wohnen in Gründerzeitbauten, in ehemaligen Gewerbe- und Bürobauten etc. Die Individualisierung der Lebensstile löst die Konvention des durch Förderrichtlinien normierten Wohnungsbaus stückweise auf. Neue Dienstleistungsberufe, das informelle Zusammenleben Einzelner, das Zusammenleben mehrerer Generationen stellen neue Anforderungen an die Architektur. Es werden Wohnungen benötigt, die so wenig Räume wie möglich funktional festlegen und damit vieles ermöglichen: Familienleben, Freizeit, Arbeiten im Haus, gemeinsames Essen. Das Innovative der neuen Stadthäuser ist daher vor allem das Angebot vielfältig benutzbarer Räume. Sie werden durch abgeschlossene Räume ergänzt – zum Sich-Entspannen von den Ansprüchen des offenen Zusammenlebens.

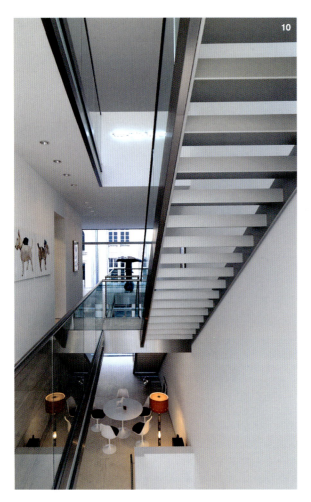

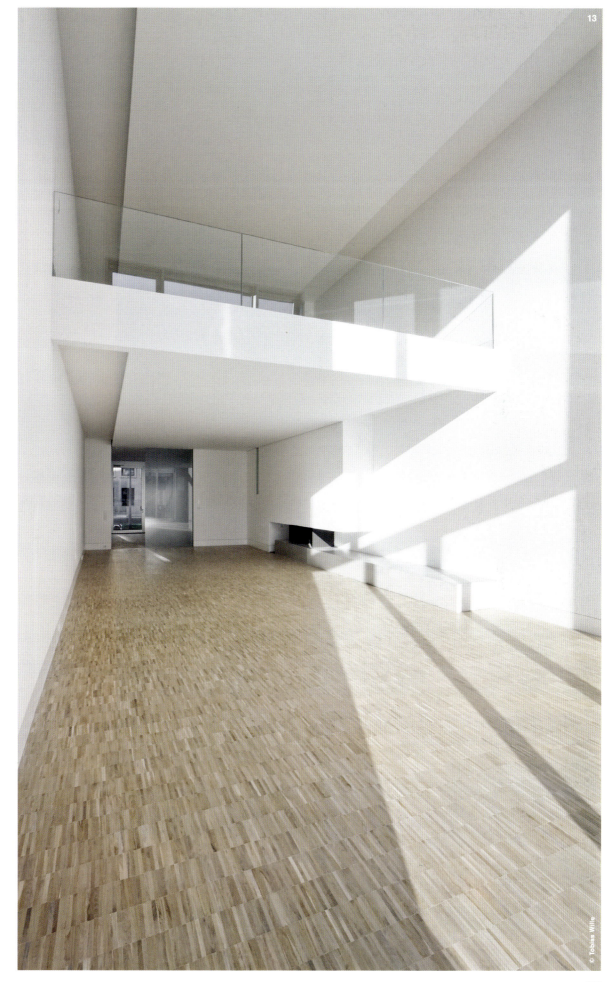

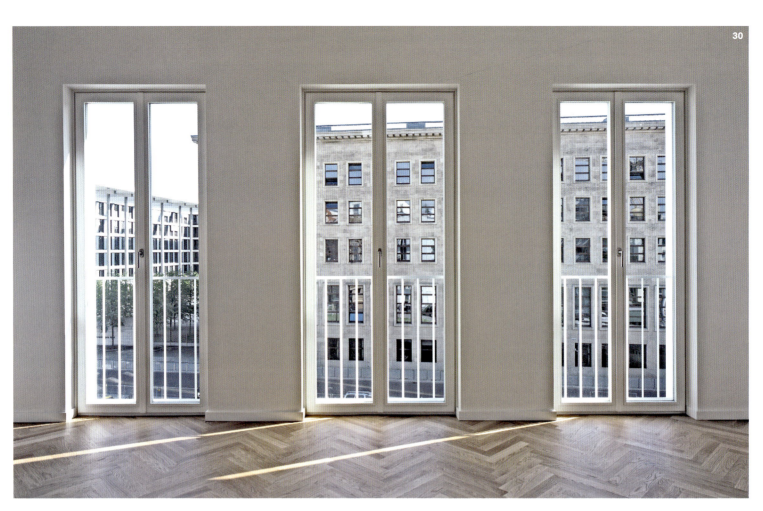

# Küche

**01** Oberwallstraße 19 > *abcarius + burns architecture design*
**02/03** Caroline-von-Humboldt-Weg 20 > *Meuser Architekten*
**04** Bernauer Straße 5a > *schöningmosca Architekten*
**05** Oberwallstraße 21 > *Grüntuch Ernst Architekten*
**06** Kleine Jägerstraße 3 > *Stephan Höhne Architekten*
**07** Auguststraße 50b > *Baumeister & Dietzsch Architekten*
**08/09** Linienstraße 40 > *Roger Bundschuh*

»In keinem Raum der Wohnung zeigt sich so stark die geänderte Baugesinnung, die an Stelle schlecht entworfener Großräumigkeit gut geplante Kleinheit setzt, wie in der Küche. Der neuzeitliche Architekt entwirft die Küche ebenso, wie er einen Fabrikarbeitsraum entwerfen würde unter Berücksichtigung bester Belichtung, logischer Abwicklung des Arbeitsprozesses, kürzester Wege zwischen den Arbeitsplätzen untereinander und den Plätzen, an welche die fertiggestellten Materialien, in unserem Fall die Speisen, gebracht werden müssen.« Das, was hier im Handwörterbuch des Wohnungswesens 1930 beschrieben wurde, fixiert die Haltung der Wohnungsbaumoderne, die im Grundsatz bis in die heutige Zeit fortwirkt. Die Kochküche, das war der durchgeplante Arbeitsplatz der Hausfrau. Diese Form der Küche mit nebeneinander angeordneten eingebautem Herd, Spültisch, Kühlschrank, Wand- und Hängeschrank hatte die lange übliche Wohnküche, also die Benutzung der Küche als Wohnraum, scheinbar endgültig abgelöst. Der Fortschritt in der Küche vollzog sich über Jahrzehnte vor allem in der technischen Verbesserung der Geräte – Herd, Spüle, Kühlschrank – sowie mit dem Aufkommen der Geschirrspülmaschine und der Entlüftung. Erst die veränderten Rollenverteilungen in der Familie, vor allem aber auch der Lebensstile der in einem Haushalt Zusammenlebenden, haben zur Renaissance der Wohnküche geführt. Die Küche und das (gemeinsame) Kochen sind wieder Teil des Wohnens geworden. Allerdings haben die folgenden Aufnahmen inszenierter Aufgeräumtheit und Stilisierung in der Küche, wie in einem Herstellerprospekt, oft wenig mit den realen Zuständen beim Kochen oder Essen in diesen Räumen zu tun. Sie bilden lediglich den Rahmen für den farbigen Alltag der Kochgeräte, der Zutaten, des Geschirrs.

# Badezimmer

**01** Caroline-von-Humboldt-Weg 20 > *Meuser Architekten*
**02/03** Caroline von Humboldt-Weg 32 > *Hon. Prof. Johanne Nalbach*
**04/05** Oberwallstraße 10 > *Hon. Prof. Johanne Nalbach*
**06** Oberwallstraße 19 > *abcarius + burns architecture design*
**07** Caroline-von-Humboldt-Weg 20 > *Meuser Architekten*
**08** Oberwallstraße 21 > *Grüntuch Ernst Architekten*

Der Blick auf die auf den folgenden Seiten abgebildeten großzügig dimensionierten, hellen Bäder in edler Ausstattung erzählt mehr vom Bedeutungswandel des Bades, als es Texte vermögen. Ehemals Ort banaler Körperreinigung mit Waschbecken, Badewanne und Abort, zeigt sich das Bad heute als Ort häuslicher Wellnessaktivitäten und Schönheitspflege. Analog zum Wohnraum muss man sich den designten Raum im Alltag mit Kosmetikartikeln, Haarföhn, Handtüchern etc. angefüllt vorstellen. Das Bad wird so zum Ausdruck des individuellen Lebensstils seiner Benutzer. Dabei ist diese Form des Bades in der Wohnung ein Produkt der Moderne. Die davor übliche Form war die Toilette, für die die Berliner Bauordnung erstmals 1887 eine direkte Belüftung vorschrieb. Aus der Toilette wurde nach der Jahrhundertwende das zunächst bescheiden dimensionierte und ausgestattete Bad. In der inzwischen zum Weltkulturerbe erklärten Siedlung der Zwanzigerjahre beträgt die Größe des Bades 3,15 Quadratmeter. Besonders in den ersten Nachkriegsjahren wurde versucht, diese Größe durch Brause- und Einbausparwannen auf 2,0 Quadratmeter zu reduzieren. Man war nach den Zerstörungen froh, überhaupt wieder eine Wohnung mit Küche und Bad bewohnen zu dürfen. In den folgenden Jahrzehnten sind die Flächenansprüche enorm gewachsen, so dass heute die durchschnittliche Wohnfläche pro Person bei über 40 Quadratmetern liegt. Das entspricht in etwa der Gesamtgröße der oben erwähnten Eineinhalb-Zimmerwohnungen in einer Siedlung der Weimarer Moderne. Das Flächenwachstum betraf jedoch vor allem die Größe der Wohn-, Schlaf- und Kinderzimmer. Das funktional ausgestattete Bad mit Wanne, Waschbecken und Toilette behielt im Wesentlichen seine in den Förderrichtlinien festgelegten Abmessungen. Erst der Bau privat finanzierter Stadtwohnungen oder Stadthäuser eröffnete den neuen Bauherren die Möglichkeit, das Bad in Größe, Ausstattung und räumlicher Zuordnung ihren Wünschen entsprechend gestalten zu lassen.

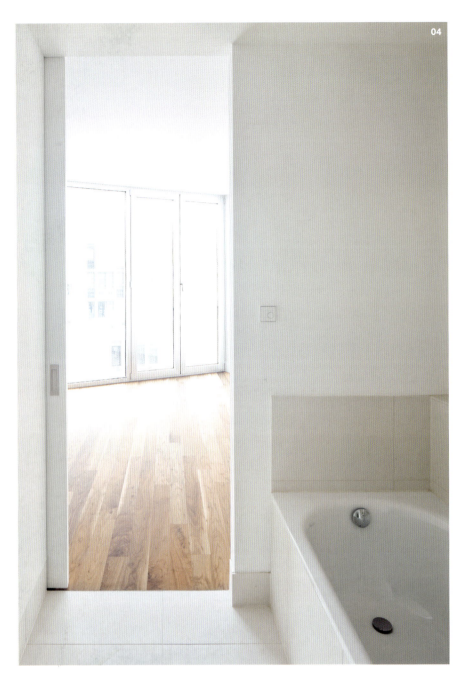

# Treppenhaus

---

**01** Oberwallstraße 15 **>** *David Chipperfield Architects*
**02/03** Bernauer Straße 5a **>** *schöningmosca architekten*
**04** Caroline-von-Humboldt-Weg 20 **>** *Meuser Architekten*
**05/06** Caroline-von-Humboldt-Weg 32 **>** *Hon. Prof. Johanne Nalbach*
**07** Linienstraße 40 **>** *Roger Bundschuh*
**08** Oberwallstraße 15 **>** *David Chipperfield Architects*
**09** Auguststraße 50b **>** *Baumeister & Dietzsch Architekten*
**10** Oberwallstraße 19 **>** *abcarius + burns architecture design*
**11** Bernauer Straße 8 **>** *SDU Architekten*
**12** Caroline-von-Humboldt-Weg 14 **>** *Bernd Albers*
**13** Oberwallstraße 10 **>** *Hon. Prof. Johanne Nalbach*
**14** Bernauer Straße 6b **>** *Kai Hansen Architekten*

»Ganz besondere Aufmerksamkeit ist der Anlage der Treppen zuzuwenden; denn nicht gering sind die Schwierigkeiten, welche man zu überwinden hat, um ihnen eine Lage anzuweisen, die für dieselben geeignet und zugleich dem übrigen Bau nicht hinderlich ist. ... Lobenswerth sind die Treppen, welche hell, geräumig und bequem zu ersteigen sind und dadurch gewissermaßen zum Begehen einladen.« Mit diesen Worten bezeichnet Palladio in Buch Eins seiner »Architettura« die Hauptanforderungen an die Anlage von Treppen. Was sich wie selbstverständlich anhört, geriet im Geschosswohnungsbau der Moderne zur funktionalistischen Aufgabe. Aus einer einladenden Treppenanlage in einem Treppenhaus mit eigener architektonische Qualität wurde eine Entwurfsaufgabe mit strengen bauordnungsrechtlichen Regeln für Stufenlängen und -breiten, Steigerungsverhältnisse, Geländerhöhe, Pfostenabstände etc. der meistens zweiläufigen Treppen. Die architektonischen Ansprüche an die Treppenanlage sanken weiter bei Wohnhäusern mit Aufzügen. Die Treppe geriet zur Fluchttreppe aus nacktem Beton. Mit der Wiederbelebung des städtischen Wohnens im gemischt genutzten Stadthaus erlebten die Treppe und das Treppenhaus eine Art Renaissance. Die Treppe erfüllt nicht mehr nur die Funktion der Überwindung der Höhendifferenzen, sondern sie dient dem Leben und Treiben seiner Bewohner und Besucher. Die Treppe wird anders als bei den Wohnmaschinen Teil der Wohnung. Sie vergrößert durch ihre Offenheit die Wohnräume, eröffnet Blickbeziehungen, spielt mit den zuvor streng normierten Elementen der Stufenbreiten, der Geländer, der Materialien und entdeckt das im Geschosswohnungsbau weggefallene Treppenauge als Element der Gestaltung. Aus einem notwendigen Element zur Überwindung der Höhendifferenz wurde wieder eine Entwurfsaufgabe mit der Möglichkeit, das Nützliche mit Schönem so zu verbinden, dass Treppenhäuser entstehen, die »unsere Seele atmen lassen« (Max Frisch). Obwohl auf dem begrenztem Raum eines schmalen Wohnhauses entwickelt, erinnern die Treppenhäuser an die großzügigen Stufenanlagen privater Villen und öffentlicher Gebäude. Beispiele animierender Treppenanlagen zum Betreten, zum Begrüßen der Gäste, zum Spielen oder auch nur zum Betrachten der Durchblicke und des Lichts finden sich auf den folgenden Seiten.

© Werner Huthmacher für schöningmosca Architekten

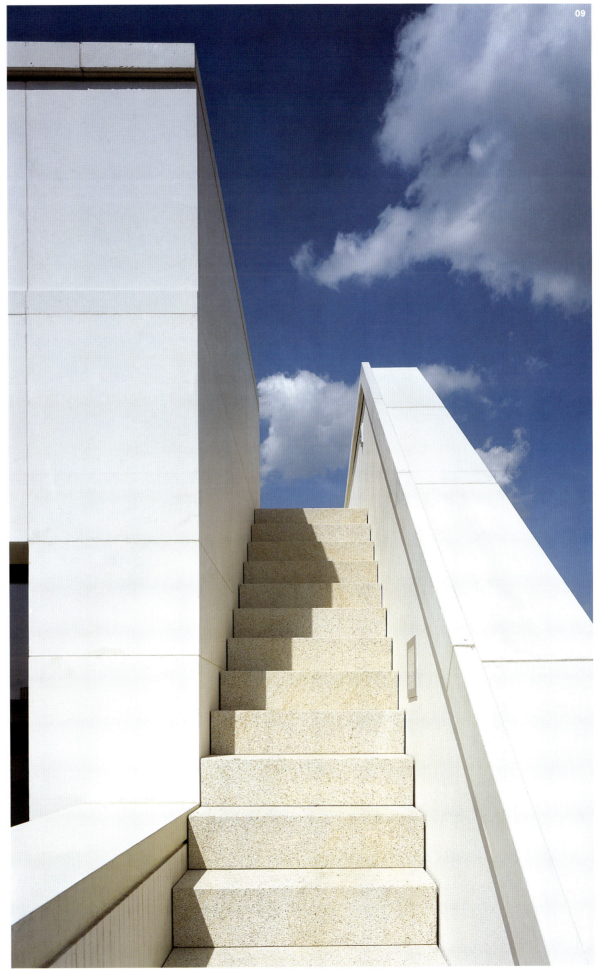

# Außenraum

01 Linienstraße 40 > *Roger Bundschuh*
02 Auguststraße 51 > *Grüntuch Ernst Architekten*
03 Anklamer Straße 52 > *roedig.schop architekten*
04 Mahlerstraße 40 > *Michael Müller und Julia Dahlhaus / dmsw*
05 Caroline-von-Humboldt-Weg 32 > *Hon. Prof. Johanne Nalbach*
06 Am Pankepark 14–53 > *PEB⁺ NOTTMEYER HARM RECCIUS Architekten*
07 Clara-Wieck-Straße 3 > *Florian Fischötter*
08 Caroline-von-Humboldt-Weg 20 > *Meuser Architekten*
09 Oberwallstraße 15 > *David Chipperfield Architects*
10 Friedrichswerder

Die Rationalisierung des Wohnens in der dicht bebauten Stadt konzentrierte sich über Jahrzehnte auf die funktionsgerechte innere Organisation mit der Konsequenz der Ausblendung der Außenräume. Der Offenheit der vorindustriellen Stadt mit bescheidener Dichte bei zwei- bis dreigeschossiger Bebauung folgte im 19. Jahrhundert die Mietskaserne mit engem Lichthof. Daraus wurde im Reformwohnungsbau der gemeinschaftliche grüne Blockhof ohne private Nutzungsmöglichkeit für die Mieter. Das erste Element der funktionalistisch organisierten Etagenwohnung, das sich sichtbar nach außen orientierte, war auch in solchen Anlagen der Balkon. Mit ihm wurde aus dem Hinausschauen ein Hinaustreten. Im Alltag war er oft eher Abstellplatz, Wäschetrockenplatz und Ort für die Balkonblumen. Auf bescheidenen zwei bis drei Quadratmetern sollte er der Wohnung zurückgeben, was ihr die Wohnmaschine systematisch entzogen hatte: Blumengarten, Liegeplatz, Kinderspielplatz, Platz zum Wäschetrocknen etc. Auf eine erfolgreichere Karriere kann dagegen die Loggia der bürgerlichen Stadtwohnung verweisen. Sie gehört bis heute zum Element städtischer Appartements. Das wichtigste außenräumliche Element neuer Stadthäuser sind jedoch Dachterrassen. Mit der Terrasse ist das piano nobile in das oberste Geschoss gewandert. Sie produziert auf verschiedenen Ebenen auch ästhetisch neue Dachlandschaften. Ermöglicht wurde dies durch die späte Umsetzung des Glaubensbekenntnisses der stadtfeindlichen Moderne zum Flachdach. Kälte und Nässe haben in unseren Breiten das geneigte, ziegelgedeckte Dach zur Konvention werden lassen. Das Motiv himmeloffener Dächer mit Gärten und Terrassen stammt aus dem Mittelmeerraum. Klimatisch benachteiligt und bauphysikalisch gehandicapt blieb das Terrassenmotiv, wie es beispielsweise der französisch-schweizerische Architekt Le Corbusier immer propagiert hat, bloßes Phantasieprodukt neuer Wohnformen, mit der die Vereinbarkeit von Gartenstadt und Hochhaus versucht wurde. Mit ihren Gärten, Loggien und Terrassen sind die neuen Stadthäuser und Stadtvillen eine Art später Versöhnung der Architekturvisionen der Zwanzigerjahre mit den Ansprüchen städtischen Bauens im 21. Jahrhundert.

03

04

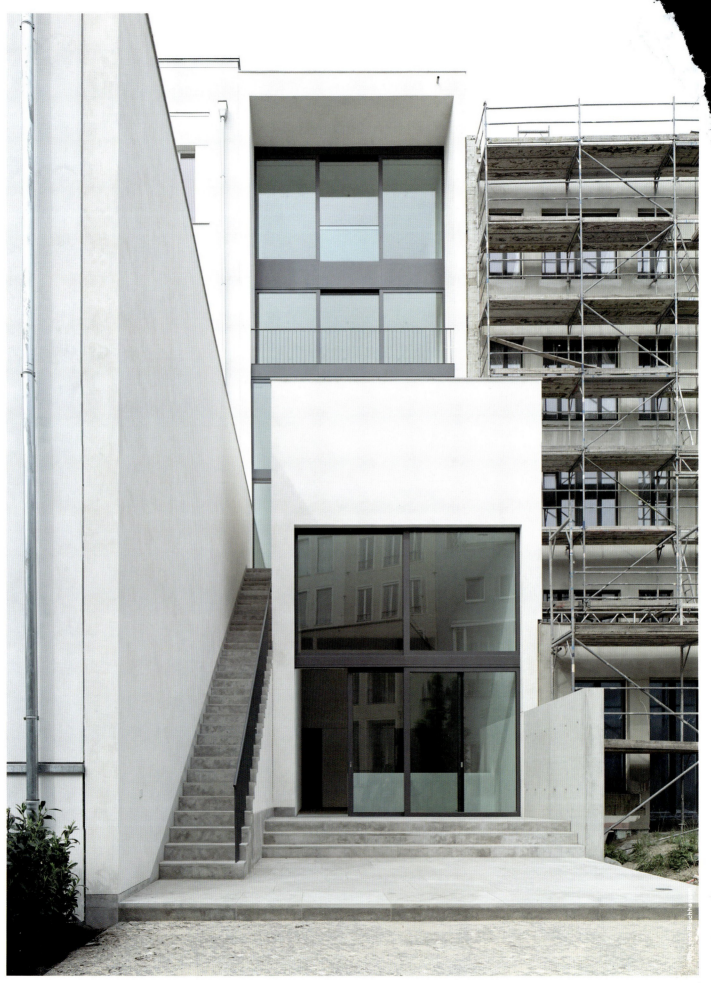

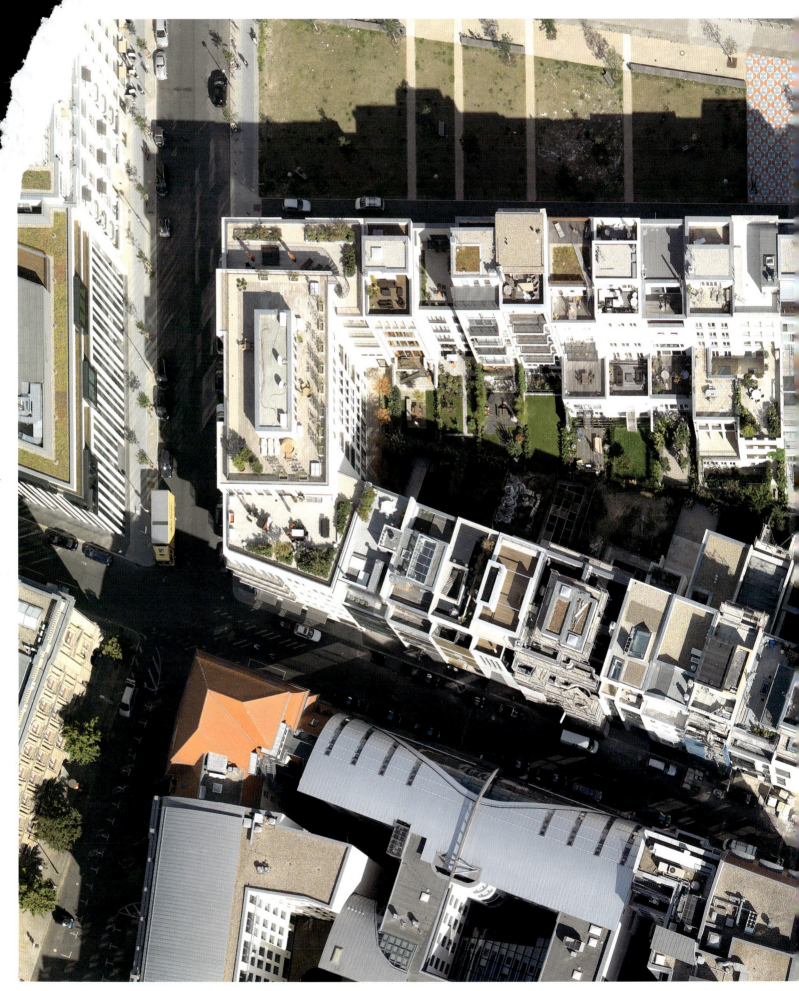

...f und Bau von Wohnhäusern in der Stadt ist, ...uropa um Neubauten geht, ein merkwürdiges ...rachtet man die Baukultur des Wohnens in der ...en Stadt, ist alles schon mindestens einmal er... praktisch erprobt worden. Das gilt für Häuser ...schiedlicher Größe und Typologien, die in vielen Vari... Wohnen und Arbeiten und damit Nutzungsmischung, ...te und Urbanität ermöglichen und Nutzungsänderun... zulassen. Das gilt auch für eine lange Nutzungsdauer, ...lso für das, was heute unter dem Stichwort Nachhaltigkeit gehandelt wird: für Wohnungsbauten, die energiesparend, ökologisch und in der Regel auch noch schön sind.

Das Alltagswissen um die Vielfalt städtischer Häuser mit diesen Qualitäten ist seit den Zwanzigerjahren des vergangenen Jahrhunderts nach und nach verblasst. Die traditionellen Hausbau-Qualitäten wurden im Zeitalter der großen Industrie mit dem dazugehörigen Massenwohnungsbau in Siedlungen für überholt gehalten. Dem Bauhandwerk folgte die industrielle Vorfertigung und Herstellung auch der kleinsten Bauelemente. Die technischen Hochschulen und die Architekturabteilungen der Akademien machten sich daran, das Themenpaar Stadt und Wohnhaus im Rhythmus von zehn Jahren neu zu erfinden.

Blättert man in aktuellen Fachmagazinen, Webseiten oder Ausstellungskatalogen von Bauausstellungen und Biennalen, stellt man fest, dass dieser Befund auch heute noch gilt. Dabei hat sich die anspruchsvolle Architektur des Wohnhauses vom Alltag der Städte weitgehend entfernt – nehmen wir nur einmal das Thema der Wärmedämmung und den Bau von Einfamilienhaussiedlungen an den Stadträndern. Denjenigen, die sich der jeweils neuesten Architekturmode verschrieben haben, steht das Heer von Pragmatikern gegenüber, die solche Wohnhäuser bauen, wie sie sich die Nutzer wünschen: Einfamilienhäuser und Reihenhäuser mit geneigten Dächern, Stellplätzen und kleinen Gärten. So stehen in der gebauten Praxis die Produkte namenloser Architekten wenigen, oft dekonstruktivistischen, minimalistischen oder ökologischen Bauten der neuesten Mode gegenüber. Ein kurzer Blick auf die Immobilienanzeigen ist auch in dieser Beziehung aufschlussreicher als die kunstwissenschaftlich verbrämten Texte zum gleichen Thema auf den Feuilletonseiten der Tageszeitungen.

Kaum einer der bekannten Architekten will sich in seiner künstlerischen Freiheit beim Entwurf eines Wohnhauses einschränken lassen. Selbst wohnt man zwar in der Regel in Häusern und Typologien der angeblich überholten Vormoderne, plädiert aber beim Entwurf neuer Wohnhäuser in Typologie, Grundriss, Material für die jeweils neueste Mode oder – so besonders die Stararchitekten – für die Wiedererkennbarkeit des Hauses als Produkt einer bestimmten Marke. Im breiten Strom der permanenten Neuerfindungen war die (West-)Berliner IBA der Achtzigerjahre unter dem Motto »Innenstadt als Wohnort« so etwas wie eine Wendemarke. Sie setzte dem zuletzt angesagten

# Schlussbemerkungen

Bau öffentlich geförderter Wohnmaschinen und »Stadtbausysteme« auch in der bereits bebauten Stadt praktische Beispiele bekannter Typologien städtischer Häuser (Stadthäuser, Stadtvillen, Mietshäuser im Block) gegenüber. Die große Leistung der IBA bestand unter anderem darin, dass es unter den engen Bedingungen der Wohnungsbauförderung gelungen war, die individuellen baukünstlerischen Leistungen der Architekten in die traditionelle städtebauliche Ordnung der Stadt einzugliedern.[1]

Auf dieses Fundament konnte die Städtebau- und Architekturpraxis Berlins in den Jahren nach der »Lösung der Wohnungsfrage« als quantitativem Problem aufbauen. Der Siedlungsbau war kein Thema mehr. Gefragt waren und sind städtische Haustypologien für Einzelbauherren oder Baugruppen. Gebaut wird nur das, was von Kritikern schon seit Jahrzehnten gefordert wird: eine Architektur des Wohnens, die Nutzungsmischung und Individualität ermöglicht und dabei die städtebaulichen Vorgaben akzeptiert.

In den Straßen und an den Plätzen entstand nun wieder, was Karl Gruber 1952 für das Bürgerhaus so beschrieben hat: An »Straßen und Plätzen (stand) Bürgerhaus neben Bürgerhaus, jedes Haus wieder ein Ganzes im Ganzen, jedes eine freie Persönlichkeit; »Frei« allerdings nicht im Sinne des neuzeitlichen Liberalismus, d. h. losgelöst von jeder Bindung, sondern in geordneter Freiheit«.[2] Natürlich geht es schon angesichts der geänderten sozialen Strukturen (mehr als die Hälfte der Berliner Haushalte besteht nur noch aus einer Person) nicht um ein Zurück 19. Jahrhundert, sondern um eine Neudefini was Gruber »geordnete Freiheit« genannt hat dokumentierten Projekte zeigen die untersch architektonischen Abdrücke einer gleichermaßen alistischen wie städtischen Lebensweise. Die neuen häuser sind auch im ursprünglichen Sinn meistens k Bürgerhäuser mehr, sondern sie entsprechen vor aller ihrer inneren Organisation eher den Ansprüchen jung Urbaniten unterschiedlicher Haushaltsgrößen sowie L bens- und Arbeitsformen.

Soweit sich die Debatte über die Architektur dieser neuen städtischen Wohnhäuser weiter auf den zeitgeistigen Jargon der Fassadensprache konzentriert, ist diese meistens eine gedankenlose Fortsetzung derjenigen Architekturdebatte, die seit Anfang der Neunzigerjahre den eher traditionellen Hausbauarchitekten den Entwurf nostalgischer Attrappen unterstellte. Die Individualisierung der Lebensstile steht jedoch auch mit der für notwendig erachteten Fassadensprache der reflexiven Moderne in einem strukturellen Widerspruch. Die Kritik an der Vielfalt und Buntheit der Townhouse-Fassaden etwa am Friedrichswerder unter der Überschrift »Das Individuum schlägt zurück«,[3] hat weder den Abschied vom Massenwohnungsbau der Moderne mit den gebauten Utopien ihrer Wohnmaschinen, noch die Renaissance städtischen Wohnens mit den dazugehörigen städtebaulichen Bindungen zur Kenntnis genommen.

**1** Siehe dazu: Josef Paul Kleihues, Städtebau ist Erinnerung, Berlin 1993, S. 324ff.

**2** Karl Gruber, Die Gestalt der Deutschen Stadt, München 1952, S. 83 und S. 194 (Bautypus)

**3** Gerhard Matzig, Das Individuum schlägt zurück, in: Süddeutsche Zeitung vom 23. September 2006

### Wohnen auf Bunkern

*»Bauwerke, deren Dasein und Gestalt am deutlichsten von Vergänglichkeit und möglichem Ende sprechen und dies zugleich am hartnäckigsten ableugnen, sind Bunker.«*

*Dieter Bartetzko, Verbaute Geschichte, Darmstadt 1986, S. 5*

Auch in Berlin wurden die Bunker mit historisierenden Applikaten »verschönert«. Wo der Abriss nicht möglich ist, bleibt der Versuch, Bunker durch Verkleidung oder Überbauung zum Teil der zivilen Bebauung der Stadt zu machen. Der mögliche Umgang mit maßstabssprengenden Bunkerbauten der NS-Zeit lässt sich an zwei Berliner Beispielen illustrieren.

Die Beispiele erzählen zugleich etwas von der Geschichte des Wohnens in den Jahrzehnten vor und nach dem Fall der Mauer. Das erste Beispiel ist die Wohnbebauung an der Potsdamer Straße von Jürgen Sawade aus den Jahren 1974–1977, seinerzeit gedacht als »innerstädtisches Wohnmodell«. Hier entstanden 500 Wohneinheiten in einer städtebaulichen Großfigur, die entwurflich auf eine planfrei gedachte Kreuzung Potsdamer Straße / Pallasstraße ausgerichtet wurde. Für diese Aufgabe wurde der Bunker mit einem Teil einer zehngeschossigen »Wohnmaschine« überbaut. Das im Volksmund »Sozialpalast« genannte Wohnungsbauprojekt markiert einen Weg möglicher Bunkerintegration. Das zweite Beispiel ist die Bebauung eines Bunkers mit einer Villa im nüchternen Stil eines Mies van der Rohe. Mit dem Projekt wird – wenn man so will – der Traum des Wohnens in der Innenstadt in einer freistehenden Villa realisiert.

In diesem Abschnitt werden die von den jeweiligen Architekten und Bauherren angegebenen Baukosten vergleichbar dargestellt. Es handelt sich hier lediglich um eine repräsentative Übersicht von 18 Projekten, die Tendenzen aufzeigt und eine Orientierung zu den Baupreisen in Berlin im Zeitraum 2005 bis 2011 liefert. Der Baupreisindex[1] der Einzeljahre ist aus Gründen der Vereinfachung nicht angepasst. Zur Ermittlung der reinen Baukosten (netto) wurden die Kostengruppen 300 (Baukonstruktion) und 400 (Technische Ausrüstung) addiert und durch die Zahl der Quadratmeter Bruttogrundfläche dividiert. Kosten für Grundstück, Außenanlagen und Ausstattung sowie die Baunebenkosten fanden keine Berücksichtigung. Die von Bauträgern entwickelten Objekte wurden mangels Angaben nicht gesondert ausgewertet. Für die Analyse wurden die Projektdaten anonymisiert, um den allgemeinen Charakter zu unterstreichen. In den nebenstehenden Tabellen sind die einzelnen Gebäude in die Wohnhaustypologien *Stadthaus* (bis zu zwei Wohneinheiten), *Reihenhaus* (mindestens sieben Gebäude gleicher Bauweise) und *Mehrfamilienhaus* (ab drei Wohneinheiten) eingeordnet. Die ermittelten Durchschnittswerte beziehen sich auf diese drei Bautypologien.

# Baukosten und Wohnhaustypologien

### Stadthäuser

| | | | |
|---|---|---|---|
| Haus 1 | 2009 | 793.000,00 € | 1.180,00 €/qm |
| Haus 2 | 2010 | 1.060.000,00 € | 1.181,00 €/qm |
| Haus 3 | 2006 | 708.000,00 € | 1.311,00 €/qm |
| Haus 4 | 2008 | 298.000,00 € | 1.336,00 €/qm |
| Haus 5 | 2008 | 1.100.000,00 € | 1.494,00 €/qm |
| Haus 6 | 2009 | 425.000,00 € | 1.521,00 €/qm |
| Haus 7 | 2010 | 378.000,00 € | 1.524,00 €/qm |
| Haus 8 | 2007 | 970.000,00 € | 1.763,00 €/qm |

ø Baukosten (netto)     1.413,00 €/qm

### Reihenhäuser [2]

| | | | |
|---|---|---|---|
| Haus 9 | 2011 | 7.500.000,00 € | 773,00 €/qm |
| Haus 10 | 2006 | 1.148.000,00 € | 792,00 €/qm |
| Haus 11 | 2006 | 1.386.000,00 € | 836,00 €/qm |
| Haus 12 | 2008 | 1.840.000,00 € | 839,00 €/qm |
| Haus 13 | 2011 | 8.000.000,00 € | 1.493,00 €/qm |

ø Baukosten (netto)     947,00 €/qm

### Mehrfamilienhäuser

| | | | |
|---|---|---|---|
| Haus 14 | 2005 | 750.000,00 € | 562,00 €/qm [3] |
| Haus 15 | 2006 | 2.000.000,00 € | 1.009,00 €/qm |
| Haus 16 | 2007 | 2.620.000,00 € | 1.325,00 €/qm |
| Haus 17 | 2007 | 4.800.000,00 € | 1.434,00 €/qm |
| Haus 18 | 2010 | 1.695.000,00 € | 1.457,00 €/qm |

ø Baukosten (netto)     1.157,00 €/qm

---

[1] Der Baupreisindex des Statistischen Bundesamtes für den Zeitraum 2005 bis 2009 (veröffentlicht 10/2010) verzeichnet eine Steigerung von 12,5 Prozent. Dies entspricht einer jährlichen Steigerung von etwa 2,5 Prozent.
[2] Grundlage der Berechnung sind die Baukosten der Gesamtbaumaßnahme.
[3] Die durch die Baugruppe erbrachte Eigenleistung wurde kostenmäßig nicht erfasst.

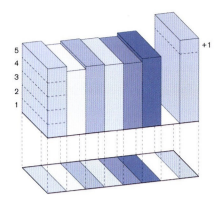
a

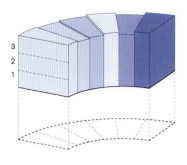
b

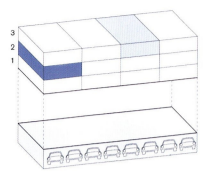
c

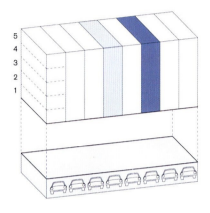
d

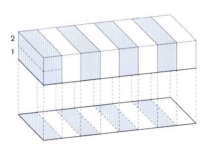
e

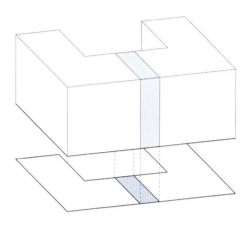
f

**Wohnhaustypologien**

- **a** Individuell gestaltete Stadthäuser auf eigener Parzelle
- **b** Individuell gestaltete Stadthäuser auf Erbpachtgrundstück
- **c** Wohnungseigentumsgemeinschaft auf gemeinsamer Parkgarage
- **d** Hauseigentumsgemeinschaft auf gemeinsamer Parkgarage
- **e** Standardisierte Reihenhäuser auf eigener Parzelle
- **f** Herkömmliche Baulückenschließung im Bestand

Die *Deutsche Bibliothek* verzeichnet diese Publikation in der *Deutschen Nationalbibliografie*. Detaillierte bibliografische Daten sind im Internet über *http://dnb.ddb.de* abrufbar.

—

ISBN 978-3-86922-028-7

—

© 2011 by *DOM publishers*, Berlin
www.dom-publishers.com

—

Dieses Werk ist urheberrechtlich geschützt. Verwertungen außerhalb der Grenzen des Urheberrechtsgesetzes sind ohne Zustimmung des Verlags unzulässig und strafbar. Dies gilt insbesondere für Vervielfältigungen, Übersetzungen, Mikroverfilmungen sowie die Verwendung in elektronischen Systemen. Die Nennung der Quellen und Urheber erfolgt nach bestem Wissen und Gewissen.

—

*Redaktion und Lektorat*
Daniela Pogade

—

*Gestaltung*
Nicole Wolf

—

*Abbildungsnachweis*
S. 9: Bauwelt, Heft 46/47–1967, S. 1206
S. 11 l: Landesarchiv Berlin
S. 11 r: Gerhard Boß
S. 15: degewo AG (Hg.): Die Platte ist flexibel. Berlin, 2010, S. 20
S. 20: Archiv Kleihues + Kleihues
S. 26: DomRömer GmbH, Frankfurt/Main
Die weiteren Fotos und Abbildungen stammen aus dem Archiv des Verlags.

—

*Druck*
Tiger Printing (Hongkong) Co., Ltd.

—

*Danksagung*
Mit freundlicher Unterstützung der Groth Development GmbH & Co. KG

 GROTH GRUPPE